In dieser Reihe sind
bisher erschienen:

W0230779

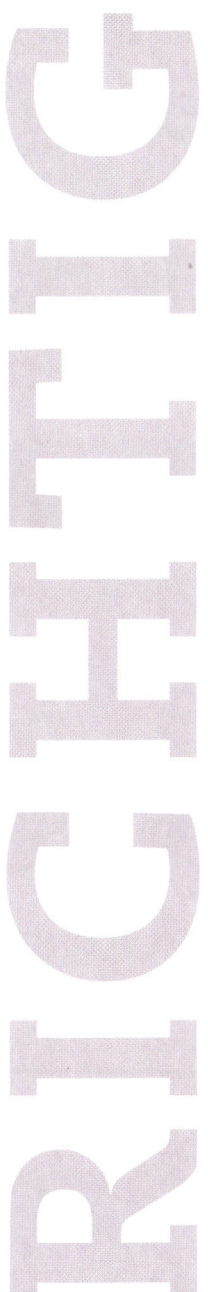

BLV SPORTPRAXIS TOP

Hannes Neumann

Basket-ball

Die Deutsche Bibliothek –
CIP-Einheitsaufnahme

Ein Titeldatensatz für diese Publikation
ist bei Der Deutschen Bibliothek erhältlich

Bildnachweis
Bongarts (Andreas Renz): S. 107
Sport Image: S. 8, 13, 14/15, 33, 51,
   79, 91, 112/113, 118, 121
Jörn Wolter: S. 2, 6, 21, 37, 46, 63, 69,
   83, 94, 101, 124, 126

Umschlagfotos: Jörn Wolter

Grafiken: Barbara von Damnitz

BLV Verlagsgesellschaft mbH
München Wien Zürich
80797 München

BLV Sportpraxis Top

Vierte, überarbeitete Auflage
(Neuausgabe)

© BLV Verlagsgesellschaft mbH,
München 2000

Herstellung: Rosemarie Schmid
Druck: Appl, Wemding

Gedruckt auf chlorfrei gebleichtem Papier

Printed in Germany · ISBN 3-405-15837-0

Inhalt

Vorwort

Basketball gehört zu den verbreitetsten Sportarten der Welt. Im Weltverband (FIBA) sind über 200 Länder organisiert. Man schätzt, dass über 300 Millionen Menschen mehr oder weniger regelmäßig Basketball spielen. In einigen Ländern – vor allem in Amerika – ist Basketball Volkssport.

Seit 1936 ist Basketball bei den Männern und seit 1976 auch bei den Frauen Olympische Sportart. Der Deutsche Basketballbund (DBB) hat mittlerweile mehr als 200 000 Mitglieder. Rechnet man noch die vielen Basketballinteressierten hinzu, die sich außerhalb der vom Verband organisierten Spielrunden mit diesem Spiel beschäftigen (etwa im Schulsport oder beim Streetball), so kann man ersehen, dass das Basketballspiel auch in Deutschland seinen festen Platz im Kanon der beliebten Sportarten gefunden hat.

Der Reiz des Spiels liegt darin, dass es auf einem relativ kleinen Spielfeld zu ständig wechselnden Spielsituationen kommt, in denen die Spieler oft in das Spielgeschehen eingreifen und damit auch Spaß und Erfolgserlebnisse haben können. Die besondere Foulregel – das Regelwerk geht von einem Spiel ohne betonten Körperkontakt aus – macht Basketball zu einem »Kampfspiel«, das sich für Spieler jeden Alters eig-net (wenn im folgenden von Spieler gesprochen wird, ist natürlich immer auch »Spielerin« gemeint).

Als Wettkampfspiel betrieben, stellt es hohe Anforderungen an Technik, Taktik und physische Leistungsgrundlagen (Schnelligkeit, Kraft, Ausdauer und Beweglichkeit) der Spieler.

Das Buch will dem Basketballinteressierten (ob Spieler, Lehrer, Trainer oder Zuschauer) wertvolle Hinweise zur Entwicklung der Spielfähigkeit geben und Informationen, die seine Kenntnisse über dieses Spiel erweitern. Dadurch kann er sich – mit größerem Fachwissen ausgestattet – auch als Zuschauer am Basketballspiel mehr erfreuen.

7

Ausrüstung

Benötigt werden Sportschuhe, Socken, Trikot, Sporthose und Trainingsanzug.

Trikot und Hose
Empfohlen wird ein kurzärmeliges Trikot aus schweißsaugendem Material. Im offiziellen Wettkampfbetrieb sind Trikots mit Brust- und Rückennummern vorgeschrieben. Empfohlen wird bei den Männern eine Sporthose mit Innenhose und bei den Damen eine Sporthose aus Frottee.

Trainingsanzug
Zum Aufwärmen und Üben in nicht gut beheizten Hallen wird ein Trainingsanzug empfohlen, der nicht zu eng geschnitten ist, damit die Bewegungsfreiheit nicht eingeengt wird.

Sportschuhe
Empfohlen werden spezielle Basketballschuhe, in jedem Fall aber Hallensportschuhe mit rutschfester Sohle.

Spielfeld – Spielgerät

Das **Spielfeld** ist ein Rechteck von 26 m Länge und 14 m Breite. Die **Spielbretter** sind 1,80 m lang und 1,20 m hoch. An den Spielbrettern sind die **Körbe** so befestigt, dass der Korbring jeweils 3,05 m über dem Boden ist. Der Korbdurchmes-ser beträgt 45 cm. An den Körben müssen unten offene **Netze** befestigt sein, die so beschaffen sind, dass ein Ball, der durch den Korb geht, leicht verzögert wird. Dadurch kann beurteilt werden, ob ein Ball im Korb war oder nicht. Der **Ball** soll ein Gewicht von 600 bis 650 Gramm und einen Umfang von 75 bis 78 cm haben. Er kann aus Leder, Gummi oder synthetischem Material sein. Beim **Mini-Basketball** ist der Ball leichter und kleiner.

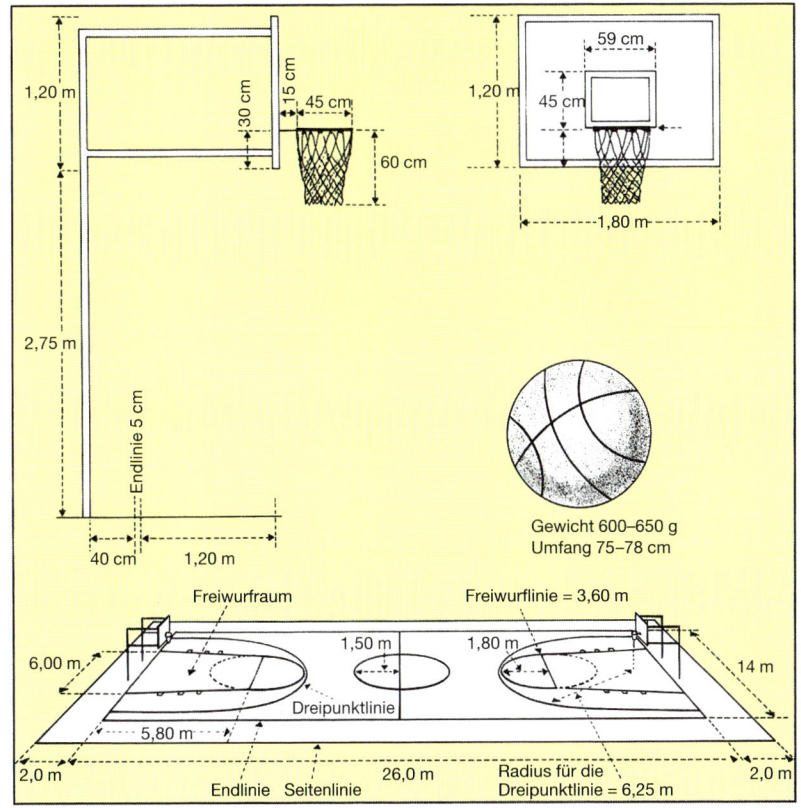

Gewicht 600–650 g
Umfang 75–78 cm

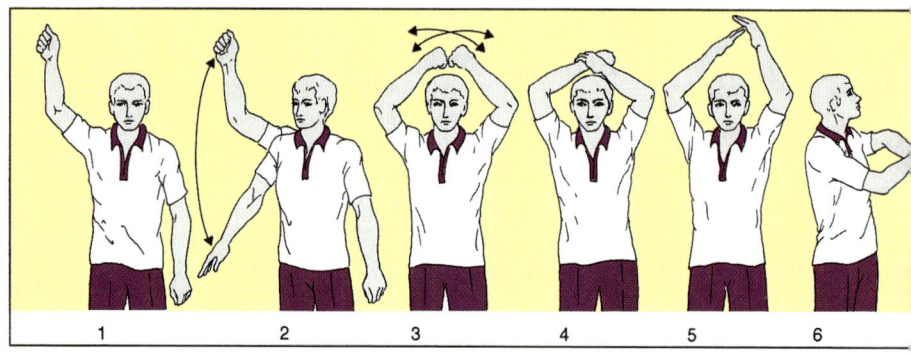

Spielgedanke – Spielregeln

Es spielen zwei Mannschaften gegeneinander. Eine Mannschaft besteht aus 5 Feldspielern und bis zu 5 Auswechselspielern. Jede Mannschaft versucht, möglichst viele Körbe zu erzielen und zu verhindern, dass die gegnerische Mannschaft zu Korberfolgen kommt. Ein Korberfolg aus dem Spiel zählt zwei Punkte; erfolgte der erfolgreiche Wurf aus einer Entfernung von mehr als 6,25 m, zählt er drei Punkte. Ein Treffer durch einen Freiwurf ergibt einen Punkt.

Sieger ist die Mannschaft, die bei Spielende die meisten Punkte erzielt hat. Bei einem Unentschieden wird das Spiel jeweils um 5 Minuten verlängert, bis eine Entscheidung gefallen ist. Die normale **Spielzeit** beträgt 2 × 20 Minuten reine Spielzeit, d. h., dass die Spieluhr bei Unterbrechung angehalten wird. Die Mannschaft, die im Ballbesitz ist, muss innerhalb von **30 Sekunden** auf den Korb werfen. Um in eine gute Wurfposition zu kommen, darf der Ball gedribbelt und zugespielt werden.

Zwei wichtige Regeln gilt es zu beachten. Die **Foulregel** verbietet alle körperlichen Kontakte mit einem Gegenspieler. Halten, Stoßen, Rempeln und Sperren mit Armen und Beinen sind nicht erlaubt.

Bei einem so schnellen Spiel auf engem Raum sind körperliche Kontakte aber nie ganz zu vermeiden. Bei einem zufälligen Kontakt wird nur dann auf Foul entschieden, wenn ein Gegenspieler benachteiligt wird. Ein Foul wird auf dem Spielbogen notiert.

Nach dem **5. Foul** eines Spielers muss dieser das Spiel verlassen, darf aber durch einen anderen Spieler ersetzt werden.

Wird ein Spieler beim Wurf gefoult, erhält er, sofern der Wurf ohne Erfolg war, zwei **Freiwürfe** (sogar drei Freiwürfe, wenn der Wurf hin-

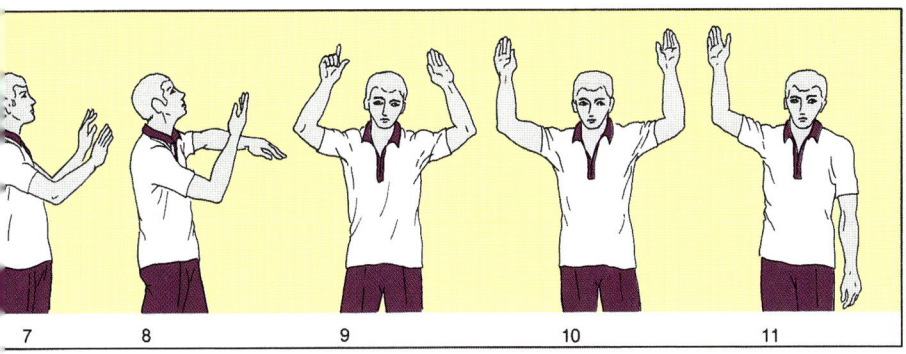

ter der Dreipunktelinie erfolgte) zu-gesprochen. War der gefoulte Spie-ler nicht beim Wurf, so erhält seine Mannschaft einen Einwurf oder zwei Freiwürfe, wenn die gegneri-sche Mannschaft schon mehr als sieben Fouls in der Halbzeit begangen hat, die gerade gespielt wird. Die **Schrittregel** schreibt vor, dass ein Spieler mit dem Ball nur zwei Schritte laufen darf. Bevor er einen dritten Schritt ausführt, muss er den Ball abspielen oder auf den Korb werfen. Will ein Spieler mehr als zwei Schritte mit dem Ball laufen, muss er dribbeln. Dabei gelten fol-gende Einschränkungen:

■ Erhält er den Ball im Lauf, muss er sofort mit dem Dribbling beginnen oder innerhalb zweier Schritte ab-stoppen oder den Ball abspielen oder auf den Korb werfen.

■ Erhält ein Spieler den Ball im Stand, darf er mit einem Bein be-liebig viele Täuschbewegungen in alle Richtungen machen (Stern-schritt), muss aber das andere Bein am Boden lassen (Stand-bein). Bevor er das Standbein vom Boden löst, muss er mit dem Dribbling begonnen, den Ball ab-gespielt oder auf den Korb ge-worfen haben. Hat der Spieler das Dribbling beendet, darf er erst wieder dribbeln, wenn er er-neut in Ballbesitz gekommen ist.

Die wichtigsten Schiedsrichterzeichen auf einen Blick

1 Persönliches Foul:
  geschlossene Faust
2 Persönliches Foul (keine Freiwürfe):
  Finger deutet zur Seitenlinie
3 Doppelfoul:
  mit geschlossenen Fäusten winken
4 Absichtliches Foul:
  Handgelenk umfassen
5 Technisches Foul:
  T formen mit offener Hand. Handfläche sichtbar
6 Halten:
  Foulzeichen: Handgelenk umfassen
7 Stoßen:
  Foulzeichen: Stoßen imitieren
8 Regelwidrige Benutzung der Hände:
  Foulzeichen: Schlagen ans Handgelenk
9 Anzeige des Foulspielers:
  Angabe der Spielernummer mit den Händen
10 Während der Freiwürfe:
  Zeichen für zwei Freiwürfe
11 Während der Freiwürfe:
  Zeichen für einen Freiwurf

11

Fachausdrücke – Symbole

Erläuterung der Fachausdrücke

Block: Eine Sperre zum Freispielen eines Mitspielers.

Centerspieler: Spieler, der in der Mitte des Angriffs, häufig am nächsten unter dem Korb des Gegners, spielt. (Meist ist der Center auch der größte Spieler einer Mannschaft.)

Dunking: »Stopfen« des Balles in den Korb. Der Ball wird von oben (über Ringhöhe) nach unten in den Korb gedrückt. Erfordert sehr große und außerordentlich sprungkräftige Spieler.

Durchziehen: Der Einzelangriff eines Spielers mit Ball zum Korb. Kommt häufig als Abschluss eines Schnellangriffs vor.

Eins gegen Eins (1-1): Spiel eines Angreifers gegen einen Verteidiger.

Fast Break: Der schnelle Angriff einer Mannschaft nach Ballgewinn, damit sich die gegnerische Verteidigung nicht gut organisieren kann.

Post: Ein Angriffsspieler, der mit dem Rücken zum gegnerischen Korb steht. Hier wird ein Spieler in dieser Stellung auf oder in der Nähe der Freiwurflinie verstanden.

Pressdeckung: Aggressivste Form der Verteidigung. Der Ballbesitzer wird sehr eng gedeckt, die anderen Verteidiger stehen zwischen ihrem Mann und dem Ball und versuchen, bereits das Anspiel zu verhindern.

Rebound: Der nach einem Fehlwurf vom Korb oder Spielbrett abprallende Ball, der von einem Spieler abgefangen wird.

Schneiden: Laufen eines Spielers ohne Ball zum Korb oder zum Ball.

Erklärung der in den Zeichnungen verwendeten Symbole:

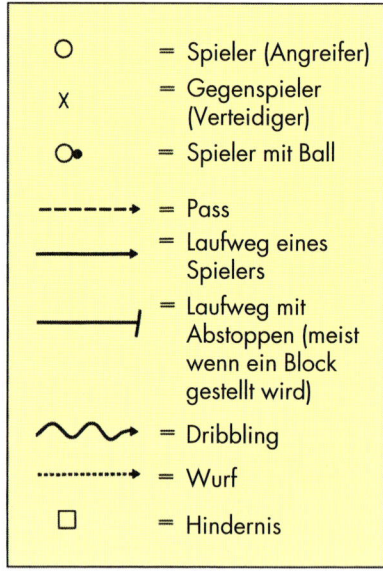

O	= Spieler (Angreifer)
X	= Gegenspieler (Verteidiger)
O•	= Spieler mit Ball
- - - →	= Pass
—→	= Laufweg eines Spielers
—⊢	= Laufweg mit Abstoppen (meist wenn ein Block gestellt wird)
∿→	= Dribbling
·····→	= Wurf
□	= Hindernis

Bei den Grafiken, die ein Spielfeld zeigen, wurde aus Gründen der Übersichtlichkeit auf die Dreipunktelinie verzichtet.

Technik

Unter **Technik** werden hier die für das Basketballspiel typischen Bewegungen und Fertigkeiten mit und ohne Ball verstanden.
Der Beherrschung der grundlegenden Elemente der Technik kommt gerade im Basketball (kleines Spielfeld – schnell wechselnde Spielsituation) große Bedeutung zu. Die beste taktische Konzeption ist zum Scheitern verurteilt, wenn die Spieler den technischen Anforderungen nicht gerecht werden. Der schnelle Wechsel von Angriffs- und Abwehrsituationen erfordert Spieler, die in der Lage sind, in Angriff und Verteidigung gleichermaßen zu spielen. Daher ist den technischen Elementen der Verteidigung ebenfalls große Aufmerksamkeit zu schenken.

> *Merke:*
> Sinn des Spieles ist es, Körbe zu erzielen **und** zu verhindern.

Basketball-Grundstellung

Sie ermöglicht das spielgerechte Reagieren auf wichtige Spielsituationen. Grundstellung: Leichte Grätschstellung, Beine etwa schulterbreit auseinander, Knie leicht ge-

15

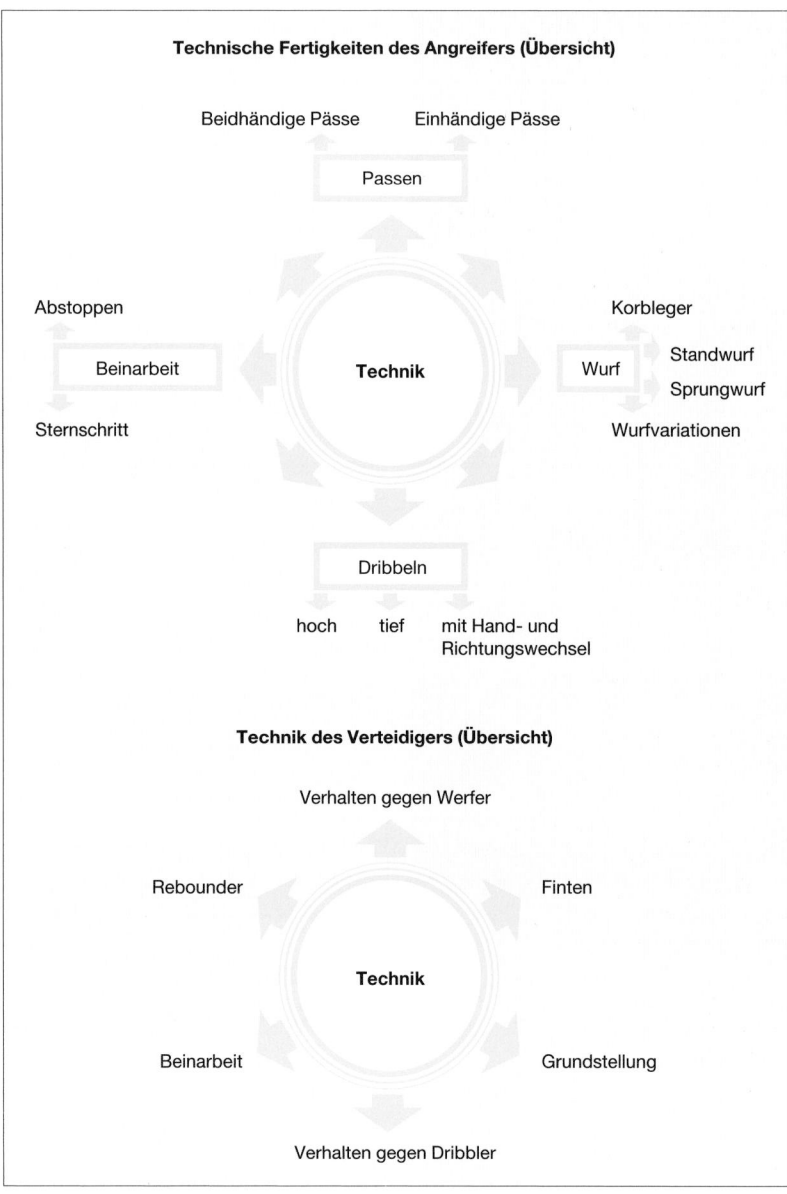

beugt, Oberkörper ein wenig nach vorn gebeugt, Arme locker vor dem Körper, Hände etwas über Hüfthöhe.

Fehler – Fehlerkorrektur

- Der Spieler kommt zu Beginn einer Bewegung aus dem Gleichgewicht.
- ▶ Füße weiter auseinander, Körpergewicht auf den ganzen Fuß verlagern. Wenn ein Partner leicht gegen den Oberkörper drückt, soll das Gleichgewicht erhalten bleiben. Dann ist es richtig.

Verteidigungs-Grundstellung

Ein Verteidiger muss schnell und spielgerecht auf Aktionen der Angreifer reagieren können. Dies wird ihm durch die Verteidigungs-Grundstellung erleichtert. Diese ist der Basketball-Grundstellung sehr ähnlich. Die Knie sind etwas stärker gebeugt. Das Körpergewicht ist auf beide Füße verteilt.
Man kann eine Hand nach oben nehmen, wenn gegen einen Werfer verteidigt werden soll, oder eine Hand nach vorn, wenn gegen einen Dribbler verteidigt wird.

Fangen

Der Ball wird meistens mit zwei Händen gefangen. Das ist sicherer als das einhändige Fangen. Der Ball kann auch schnell wieder abgespielt werden.
Die Arme werden dem ankommenden Ball entgegengestreckt. Der

Verteidigungs-Grundstellung

Armhaltung beim Fangen

17

Ball wird mit gespreizten Fingern angenommen. Die Daumen sind hinter dem Ball. Nur die Finger berühren den Ball (nicht die Handfläche). Der Ball wird leicht an den Körper herangezogen, um ihm die Wucht zu nehmen.

Fehler – Fehlerkorrektur

● Die Ellbogen werden beim Fangen abgespreizt.
▶ Die Handrücken sollen beim Fangen nach außen zeigen.
● Die Handflächen berühren den Ball.
▶ Nur die Finger sollen am Ball sein.
Wichtig: Gespreizte Fingerhaltung in Trichterform.

Beidhändiger Brustpass

Beidhändiger Brustpass

Der beidhändige Brustpass ist die am häufigsten verwendete Passform im Basketball, weil es so nach dem Fangen am schnellsten und sichersten geht.

Aus der Armhaltung am Ende des Fangens (Ellbogen am Körper, Finger seitlich am Ball, Daumen hinter dem Ball) erfolgt der Brustpass durch Strecken der Arme. Die Finger drücken den Ball weg. Am Ende des Passens zeigen die Daumen nach unten, oft auch die Handflächen nach außen. Ein Ausfallschritt nach vorn erleichtert das Passen. Der Körper folgt dem Pass nach. Zu einem freistehenden Mitspieler soll der Ball möglichst geradlinig fliegen. Bodenpässe dauern oft zu lange und können vom Gegner abgefangen werden.

Fehler – Fehlerkorrektur

● Die Ellbogen werden abgespreizt.
▶ Finger sollen erst beim Strecken der Arme hinter den Ball gedreht werden.
● Der Ball wird nicht fest genug gepasst.
▶ Ausfallschritt nach vorn beachten.
● Der Ball ist beim Passen in Schulterhöhe.
▶ Die Arme sollen genau in Brusthöhe auf den Mitspieler zugestreckt werden.

Übungsformen zum beidhändigen Brustpass und zum Fangen:

1. Wir bilden Spielerpaare:

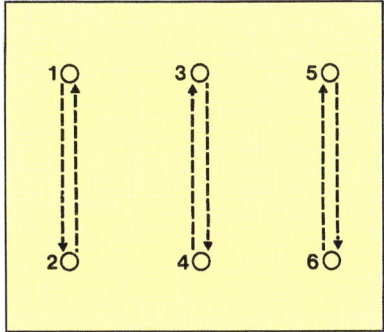

Die Spieler passen sich den Ball mit Brustpass zu. Abstand 3 Meter. Dann vergrößern wir den Abstand auf 4 und schließlich auf 5 Meter.

2. Wir bilden Dreiergruppen:

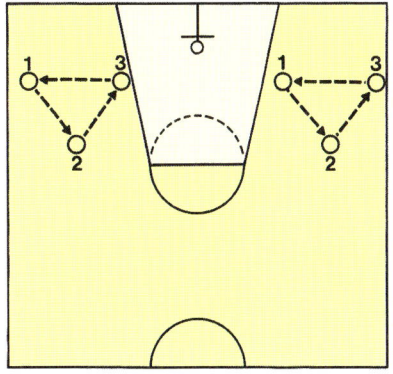

Jeweils drei Spieler stellen sich im Dreieck auf und passen sich den Ball zu. Abstand zwischen den Spielern erst 3 Meter, dann 4 und schließlich 5 Meter.

3. Wir bilden einen Kreis:

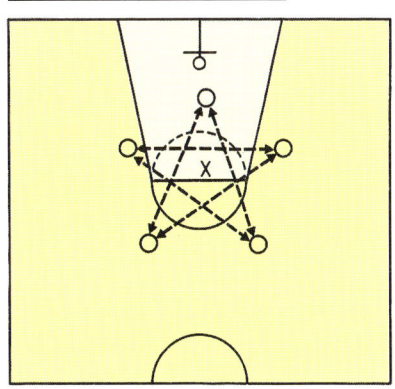

Eine gerade Spielerzahl (6 oder 8 Spieler) bildet einen Kreis. Wir nehmen zwei Bälle. Jeder Spieler, der einen Ball zugepasst bekommt, soll den übernächsten Spieler im Kreis anspielen. Welcher Ball wandert am schnellsten? Welcher Ball überholt den anderen?

Beidhändiger Überkopfpass

Dieser Pass wird am häufigsten zum Anspiel des Centerspielers angewendet. Auch ein Spieler, der sehr eng gedeckt wird, kann diesen Pass spielen.
Der Ball wird dabei über dem Kopf gehalten (die Finger liegen seitlich am Ball, die Daumen hinter dem Ball). Die Arme sind fast gestreckt. Der Ball wird mit einer Bewegung der Handgelenke (die Handgelenke knicken nach unten ab) abgespielt.

19

Handhaltung
nach dem Pass

- Der Ball wird wie beim Fuß-
  balleinwurf hinter dem Kopf
  gehalten.
▶ Die Arme sollen immer über
  dem Kopf sein.

Beidhändiger Bodenpass

Dieser Pass eignet sich gut für das
Anspielen des Centerspielers oder
für das Anspiel eines Spielers, der
zum Korb läuft. Man verwendet ihn
auch, wenn man einen Mitspieler
durch eine Lücke zwischen zwei
Verteidigern anspielen will. Der
Pass eignet sich vor allem dann,
wenn der Ballbesitzer von einem
sehr großen Verteidiger gedeckt
wird. Der beidhändige Bodenpass
wird wie der Brustpass ausgeführt.
Bei der Ballabgabe wird der Oberkörper etwas nach vorn gebeugt.
Der Ball soll nach etwa zwei Drittel
der zu überwindenden Entfernung
auf den Boden kommen und den
Mitspieler in Hüfthöhe erreichen.

Die Arme bleiben über dem Kopf.
Die Handflächen sollen am Ende
des Passes zum Boden zeigen.

Fehler – Fehlerkorrektur
- Der Ball wird vor dem Gesicht
  gehalten und beim Passen von
  oben nach unten auf den Boden
  »gedrückt«.
▶ Den Ball in Brusthöhe halten und
  wie beim beidhändigen Brustpass – nur jetzt »schräg in den
  Boden hinein« – abspielen.

Richtige
Körperhaltung
bei Abschluss
des Boden-
passes

Einhändige Pässe

Einhändige Pässe werden in bestimmten Spielsituationen verwendet:

- Der **Handballpass,** wenn der Ball
  über eine größere Entfernung zugespielt werden soll.
- Der einhändige **Druckpass,** wenn
  der Ball an der Seite eines Gegenspielers vorbei zu einem Mitspieler gepasst werden soll.

Wir bilden drei Gruppen. Der Ball
wird von Ecke I mit Handballpass
zur Mittellinie gepasst, von dort zur
Ecke II, von da wieder zur Ecke I.
Wer gepasst hat, stellt sich in seiner
Gruppe hinten an und wartet, bis er
wieder an der Reihe ist.

Übungsform zum Handballpass:

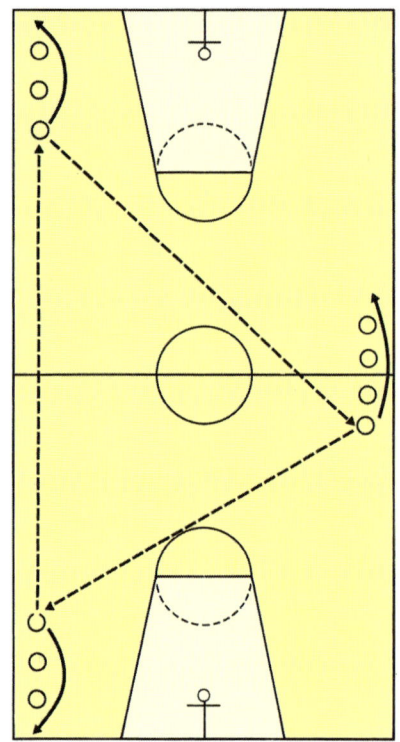

22

Beidhändiger Brust-pass aus dem Lauf

Diese Passform wird zum Vorbringen des Balles verwendet, wenn sich die Verteidigung in ihre Verteidigungshälfte zurückzieht. Zwei Spieler passen sich den Ball mit Brustpass im Lauf zu. Der Ball soll dabei etwas vor den laufenden Mitspieler gepasst werden, damit dieser nicht abstoppen muss, sondern in den Pass hineinlaufen kann.

Wichtig: Wer den Ball erhält, darf nur **zwei** Schritte machen (links-rechts oder rechts-links) und muss dann den Ball wieder abspielen. Macht er einen dritten Schritt, begeht er einen Schrittfehler.

Merke:
Es geht leichter, wenn der Spieler, der den Ball fängt, den ersten Schritt mit dem äußeren Fuß macht (der Fuß, der weiter vom Ball entfernt ist).

Übungsform zum Pass aus dem Lauf:

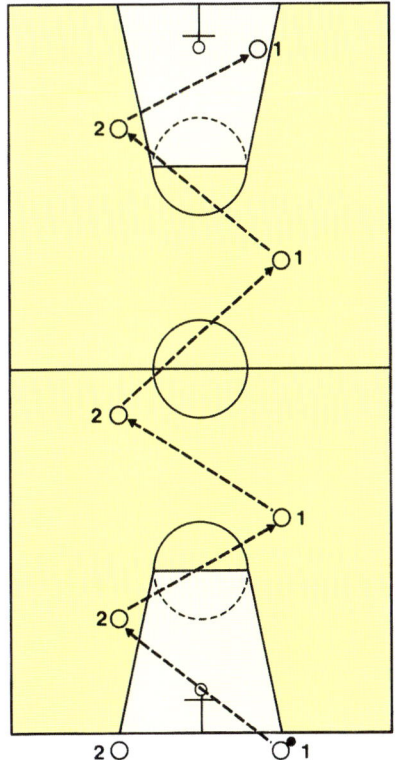

23

Ausführung: Aufstellung in Paaren an der Endlinie. Abstand zwischen den beiden Spielern etwa 4 bis 5 Meter. Der Ball wird im Lauf bis zum anderen Korb gepasst und darf dabei nicht auf den Boden kommen. Hat das erste Paar die Mittellinie erreicht, beginnt das nächste Paar usw.

Variation: Mit Bodenpass.

Passen gegen Dribbler:

Die Spieler 1 und 2 laufen im Zweierpass durch die Halle und wieder zurück; der Spieler 3 dribbelt die gleiche Strecke. Wer ist schneller? Die Spieler wechseln die Positionen, bis jeder einmal die Strecke gedribbelt hat.

In den meisten Fällen wird der Dribbler gewinnen, weil es sich hier um Querpässe handelt. Bei Steilpässen wäre der Dribbler langsamer.

Dribbling

Will ein Spieler mehr als zwei Schritte mit dem Ball laufen, so muss er dribbeln.

- Das **hohe** Dribbling wird verwendet, wenn eine Strecke sehr schnell überbrückt werden soll (z. B. wenn ein Spieler einen Ball herausgefangen hat und freie Bahn zum Korb hat).
- Das **tiefe** Dribbling wird benutzt, wenn sicher gedribbelt werden soll (z. B. wenn der Dribbler von einem Gegenspieler bedrängt wird).

Beim hohen Dribbling ist der Spieler aufrechter als beim tiefen Dribbling.

Wichtig: Der Rechtshänder soll auch das Dribbeln mit der linken Hand üben und umgekehrt. Dies erleichtert das Umspielen eines Gegenspielers.

Das Dribbling wird grundsätzlich mit einer Hand ausgeführt. Wie beim Passen und Fangen wird der

Hohes (schnelles) Dribbeln und tiefes (sicheres) Dribbeln

Ball mit den Fingern gespielt, nicht mit der Handfläche. Der Ball wird mit der Hand kräftig gegen den Boden geprellt. Das Handgelenk ist dabei beweglich und die Finger sind leicht gespreizt. Der Ball wird nach unten gedrückt, nicht geschlagen.

Fehler – Fehlerkorrektur

● Der Ball wird geschlagen.
▶ Ball mit leicht gespreizten Fingern länger führen.
● Es wird nur auf den Ball geschaut.
▶ Lösen des Blickes vom Ball; Umgebung beobachten.
● Beim tiefen Dribbling wird der Oberkörper zu stark nach vorn gebeugt.
▶ Die Knie stärker beugen, nicht die Hüfte.
● Der Ball springt zu hoch, so dass

ein Gegenspieler den Ball leicht herausschlagen kann.
▶ Den Ball schon ab Hüfthöhe nach unten drücken.

Der Anfänger wird recht bald das Gefühl für den Ball erhalten, weil er sich von selbst sehr häufig mit dem Dribbling beschäftigt und beim Üben nicht unbedingt auf andere angewiesen ist.
Eine einfache Art, das Ballgefühl zu verbessern, ist das »Wanddribbeln«: Etwa einen Meter von einer Wand entfernt aufstellen und den Ball mit einer Hand ein paar Mal gegen die Wand prellen. Der Dribbelarm wird dabei angewinkelt vor dem Körper gehalten.
Variation: Während des Dribblings wird die Entfernung zur Wand ständig geringfügig verändert.

25

Übungsformen zum Dribbling:

Überkreuz-Dribbeln:

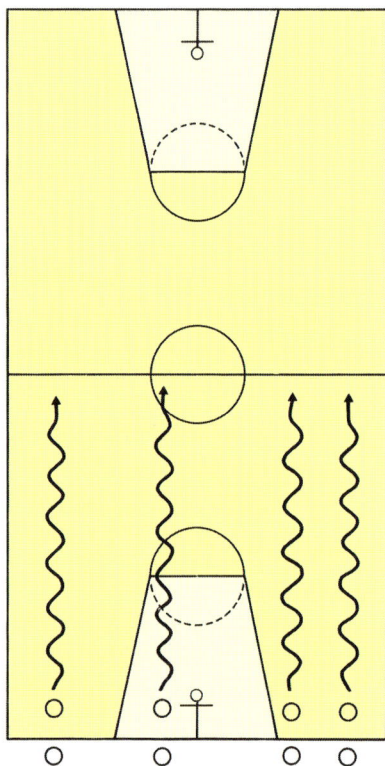

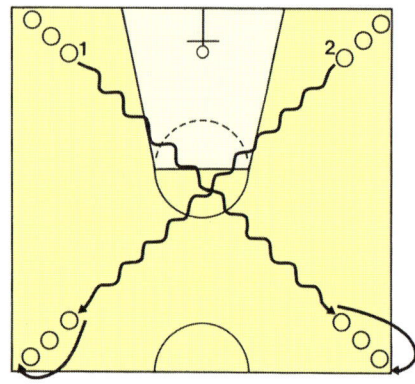

Ausführung: Vier Spielergruppen in den vier Ecken einer Spielhälfte. Die Spieler 1 und 2 haben je einen Ball und dribbeln auf ein Zeichen diagonal zur anderen Gruppe. Dort übergeben sie den Ball an den jeweils vordersten Spieler, der nun in umgekehrter Richtung dribbelt usw. Die Dribbler müssen darauf achten, dass sie am Schnittpunkt nicht aufeinander prallen. Sie müssen dazu das Dribbeln entweder beschleunigen oder sich gegenseitig ausweichen.

Dribbling mit geschlossenen Augen: Ein Spieler dribbelt eine Spielfeldlänge mit geschlossenen Augen. Das Ende der Bahn wird ihm von einem Partner zugerufen. Bei langsamem Lauf sollte der Ball selten verloren werden. Diese Übung auch mit der schlechteren Hand versuchen.

Vier Spieler dribbeln nebeneinander mit der rechten Hand zum anderen Ende der Halle. Auf dem Rückweg wird mit der linken Hand gedribbelt. Anschließend kommen die nächsten vier Spieler an die Reihe usw.
Variationsmöglichkeiten: Dribbling mit häufigem Tempo-, Hand- und Richtungswechsel. Wechsel zwischen hohem und tiefem Dribbeln.

Dribbling gegen einen Verteidiger

Die Spielregeln verbieten dem Verteidiger, den Dribbler zu halten oder zu klammern. Er muss den Ball herausschlagen, ohne den Dribbler zu berühren, oder ihn durch geschicktes Stellungsspiel zum Abstoppen bringen.
Der Dribbler nutzt diese Spielregel aus und versucht, den Ball mit seinem Körper so abzudecken, dass der Verteidiger ihn nicht wegschlagen kann. Dies geht am besten, wenn er mit der äußeren Hand dribbelt (d. h. mit der Hand, die am weitesten vom Verteidiger entfernt ist). Der Dribbler bringt seinen Körper durch Wechsel des Balles von der rechten zur linken Hand und umgekehrt immer zwischen Ball und Verteidiger.

Übungsformen

Dribbel-Slalom:

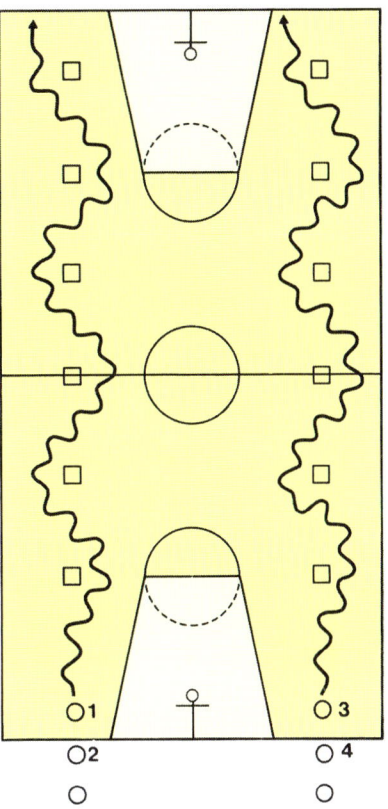

Wir stellen einen Slalom aus Stühlen oder Fahnen (oder auch Mitspielern) auf. Die »Slalomstangen« stellen einen Gegenspieler dar. Beim Durchdribbeln muss daher der Ball jeweils von einer auf die andere Hand gewechselt werden.

Abschirmen des Balles

27

Dribbler gegen Verteidiger:

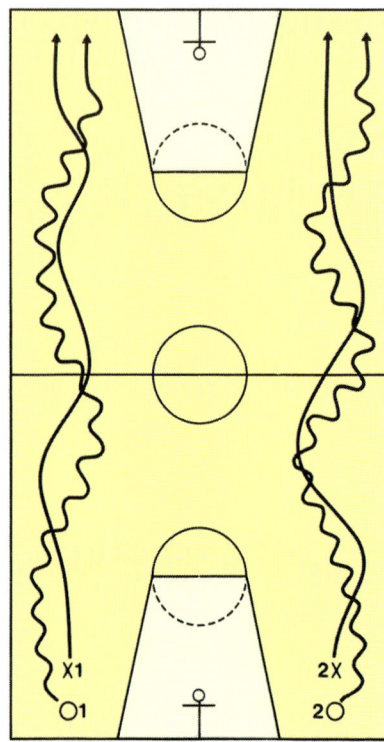

Die Spieler werden in Paare aufgeteilt. Der Angriffsspieler eines
Paares dribbelt, der Verteidiger
weicht in Verteidigungsstellung vor
ihm zurück und öffnet immer zur
Ballseite. Beim Rückweg werden
die Rollen getauscht. Zuerst langsam beginnen, bei den nächsten
Versuchen dann das Tempo nach
und nach steigern.

Dribbling mit Hand- und Richtungswechsel

Will der Dribbler an einem Verteidiger vorbeidribbeln, kann er
während des Dribblings den Ball
von einer Körperseite auf die andere nehmen. Er wechselt dabei von
der rechten Hand zur linken oder
umgekehrt. Dies ist immer mit einem
Richtungswechsel verbunden.

Wechsel von der rechten zur linken
Hand:
Der Dribbler täuscht einen Durchbruch zur rechten Seite an.
Während des Dribblings mit der
rechten Hand wird der rechte Fuß
mit einem großen Schritt nach
rechts vorn aufgesetzt, dann kräfti-
ges Abdrücken vom rechten Bein.
Der Ball wird dabei mit der rechten
Hand vor dem Körper im Winkel

nach links geprellt (diese Aktion
sieht aus wie ein V).
Dann wird mit der linken Hand wei-
tergedribbelt und der Ball mit dem
Körper abgedeckt.

Fehler – Fehlerkorrektur

● Abdruck vom falschen Bein (es
  kann zu einem Überkreuzen der
  Beine kommen).
▶ Beim Dribbling mit der rechten
  Hand vom rechten Bein abdrücken und umgekehrt.
● Der Verteidiger kann beim
  Handwechsel den Ball wegschlagen.
▶ Den Ball schnell und weit genug
  von der einen Seite zur anderen
  prellen. Den Ball beim Wechsel
  möglichst tief halten.

Übungsform

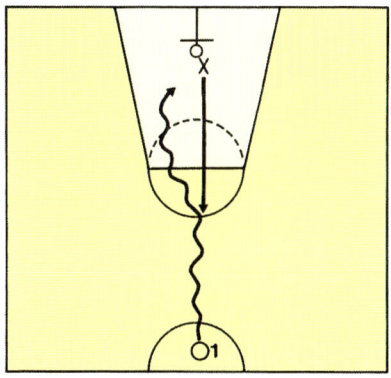

O_1 startet von der Mittellinie und
dribbelt zum Korb. Wenn O_1 startet, läuft X zur Freiwurflinie und
wehrt gegen O_1 ab, der entweder
rechts vorbeizieht oder mit Hand-
und Richtungswechsel auf der linken Seite zum Korb dribbelt und
wirft. Nach jedem Versuch werden
die Rollen getauscht.

Umspielen
eines Gegners
durch Hand-
und Richtungs-
wechsel

29

Ballannahme
in der Luft
mit anschlie-
ßendem
Abstoppen

Abstoppen aus dem Lauf oder aus dem Dribbling

Ein Spieler, der den Ball im Lauf erhält oder dribbelt, muss beim Abstoppen folgende Spielregel beachten:

■ Er muss mit **zwei** Kontakten zum Stopp kommen. Dabei zählt das Aufsetzen eines Fußes als Kontakt.

Der Basketballspieler verwendet zwei Möglichkeiten:

■ **Schrittstopp**

Dribbelt ein Spieler mit der rechten Hand, soll er beim **Schrittstopp** zuerst auf dem rechten Bein (1. Kontakt) landen und dann das linke davor aufsetzen (2. Kontakt). Er kommt also in Schrittstellung zum Halten.

Dribbelt ein Spieler mit der linken Hand, soll er zuerst auf dem lin-

ken Bein landen und dann das rechte Bein davor aufsetzen.

■ **Parallelstopp**

Hier landet der Spieler auf beiden Beinen gleichzeitig (1. und 2. Kontakt fallen zusammen). Die Füße werden dabei nebeneinander aufgesetzt.

Wichtig: Beim Schrittstopp ist immer das hintere Bein das Standbein. Beim Parallelstopp kann der Spieler frei wählen, welches Bein das Standbein ist.

Wie gelingt der Schritt- oder Parallelstopp?
Das letzte Aufprellen des Balles erfolgt kräftiger. Danach springt der Spieler ab, fängt den Ball im Sprung mit beiden Händen und landet. Es geht besser, wenn man beim Abstoppen in die Knie geht, vor allem beim Parallelstopp.

Fehler – Fehlerkorrektur

- Der Spieler braucht mehr als zwei Kontakte, um abzustoppen.
▶ Beim Abstoppen in die Knie gehen. Zum Erlernen kann man anfangs die beiden Kontakte mitzählen: »ta-tam« oder »rechts-links«.
- Der Ball wird zu früh aufgenommen.
▶ Erst Absprung und dann den Ball im Sprung aufnehmen.

Sternschritt

Sichern des Balles mit Sternschritt

Will der Ballbesitzer Täuschungen (Finten) anwenden oder den Ball gegen einen sehr eng deckenden Verteidiger absichern, kann er **Sternschritte** verwenden.
Erhält er den Ball im Stand, kann er ein Bein beliebig oft in verschiedenen Richtungen bewegen und aufsetzen. Das andere Bein muss am Boden bleiben, bis der Ball die Hand zum Dribbling, Wurf oder Pass verlassen hat.

Beispiel für einen Sternschritt zur Täuschung:
Ballbesitzer täuscht mit einem Schritt zur linken Seite (mit dem linken Bein) einen Durchbruch nach links vor. Das rechte Bein bleibt am Boden. Dann wird wieder das linke Bein angehoben und rechts vom Verteidiger aufgesetzt. Der Spieler dribbelt nun rechts am Verteidiger vorbei.

Beispiel für einen Sternschritt zur Ballsicherung:
Der Ballbesitzer bringt durch verschiedene Sternschritte seinen Körper immer wieder zwischen Ball und Verteidiger. Er dreht dabei um das Standbein, ohne es zu lösen.

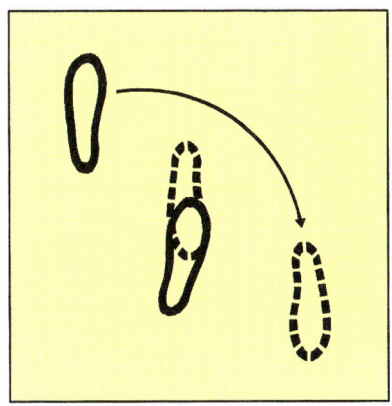

31

Übungsform Abstoppen und Stern-schritt:

Auf dem Hinweg werden Schritt-stopps und auf dem Rückweg Paral-lelstopps ausgeführt.

Beginn des Dribblings

Will ein Spieler ein Dribbling begin-nen, muss er folgende Regel beach-ten: Das Standbein (beim Schritt-stopp das hintere) darf erst vom Boden gelöst werden, wenn der Ball zum ersten Prellen die Hand verlassen hat. Aus der Basketball-Grundstellung oder Schrittstellung beginnt der Spieler beim Dribbling mit der **rechten Hand** mit einem Schritt des linken Beines. Am besten ist, wenn linker Fuß und Ball gleich-zeitig auf den Boden kommen. Das rechte Bein wird gelöst, wenn der Ball den Boden erreicht hat. Beim Dribbling mit der **linken Hand** beginnt man mit einem Schritt des rechten Beines.

Fehler – Fehlerkorrektur

● Schrittfehler, weil das Standbein zu früh gelöst wird.
▶ Das Standbein erst anheben, wenn der Ball die Hand verlas-sen hat.
● Beginn mit dem falschen Bein.
▶ Vor dem Dribbeln das linke Bein leicht anheben, damit der erste Schritt mit dem linken Bein aus-geführt wird (beim Dribbeln mit der rechten Hand; umgekehrt beim Dribbeln mit der linken Hand).

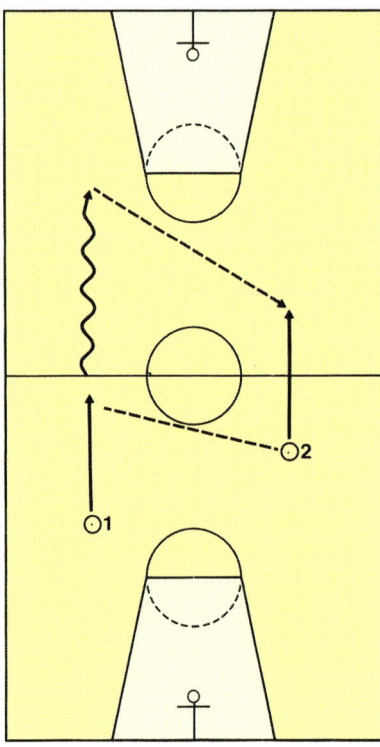

O_1 läuft zur Mittellinie, bekommt von O_2 den Ball zugepasst, stoppt ab und dribbelt dann über die Mit-tellinie bis in Höhe der gegenüber-liegenden Freiwurflinie. Dort stoppt er wieder ab und führt einen Stern-schritt aus. Dann spielt er den Ball zu O_2 zurück, der mittlerweile über die Mittellinie gelaufen ist. An-schließend wird die gleiche Übung in die Gegenrichtung ausgeführt.

Der Wurf im Basketballspiel

Das Werfen auf den Korb ist zweifellos die wichtigste technische Fertigkeit im Basketball. Unabhängig davon, wie gut ein Spieler die anderen technischen Elemente beherrscht, bleibt er in seiner Wirkung stark eingeschränkt, wenn er nicht korbgefährlich ist. Bei einem Spiel wie Basketball, bei dem immer nur 5 gegen 5 Spieler um den Sieg kämpfen, sind Spieler, die keine befriedigenden Wurfleistungen aufweisen können, ein Schwachpunkt in jedem Angriffskonzept. Deshalb ist dem Erlernen und Verbessern der Wurftechnik große Aufmerksamkeit zu widmen.

Für viele Spieler – auch auf niedrigerem Leistungsniveau – ist das Erfolgserlebnis nach gelungenen Würfen eine wichtige Motivation für das regelmäßige Üben und Trainieren aller spielbestimmenden Elemente des Basketballspiels.

Aushol- und Abwurfbewegung beim Standwurf

Standwurf

Der Standwurf ist **eine** Möglichkeit, einen Angriff abzuschließen, wenn ein direkter Durchbruch zum Korb aus der Bewegung (Korbleger) nicht möglich ist.
Im laufenden Spiel kommt fast nur noch der Sprungwurf zur Geltung (international sieht man bei den Männern den Standwurf kaum noch). Dennoch muss der qualifizierte Spieler den Standwurf beherrschen, denn: der **Freiwurf** wird als Standwurf ausgeführt. Außerdem ist der Standwurf die Grundvoraussetzung für das Erlernen des Sprungwurfes.

Ausgangsstellung:
Leichte Schrittstellung. Der Rechtshänder stellt das rechte Bein etwas nach vorn, der Linkshänder das linke Bein. Die Skizze zeigt die Schrittstellung eines Rechtshänders beim Freiwurf:

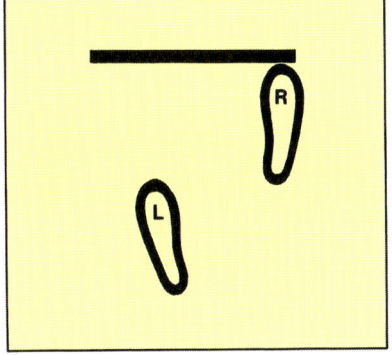

Der vordere Fuß zeigt direkt zum Korb. Die Knie sind leicht gebeugt. Der Ball wird etwa brusthoch gehalten.

Ausholbewegung:
Aus dieser Stellung geht der Spieler tiefer in die Knie. Dabei wird der Ball mit beiden Händen nach oben geführt. Die Wurfhand kommt erst hinter, dann unter den Ball. Dabei wird das Handgelenk nach hinten abgebeugt. Die andere Hand (Führungshand) bleibt seitlich am Ball.

Wurfbewegung:
Ist der Ball über Kopfhöhe, wird die Führungshand vom Ball gelöst. Der Ball wird mit der Wurfhand zum

35

Richtige
Arm- und
Fingerhaltung

Korb gedrückt. Während der Ball nach oben geführt wird, werden die Beine gestreckt.

Wichtig: Der Ball wird mit den Fingern geworfen, nicht mit der Handfläche. Im letzten Teil der Armbewegung wird das Handgelenk schnell nach vorne abgebeugt, so dass der Ball über die Finger und Fingerspitzen abrollt. Der Ellbogen bleibt vor dem Körper und weicht kaum zur Seite aus. Zum **Erlernen** des Standwurfs etwa 2 Meter von einer Wand entfernt aufstellen, dann den Ball in der beschriebenen Weise ein paar Mal in einem mittleren Bogen an die Wand werfen. Stellung der Wurfhand nach dem Abwurf kontrollieren. Anschließend Würfe auf den Korb.

Wichtig: Der Anfänger soll zuerst relativ nahe am Korb üben (höchstens 2 bis 3 Meter vom Korb ent-

fernt). Wählt er zuerst eine größere Entfernung, wird die Ausholbewegung falsch oder übertrieben ausgeführt, um überhaupt bis zum Korb zu kommen.

Fehler – Fehlerkorrektur

● Das falsche Bein ist vorn.
▶ Rechtshänder – rechtes Bein vorn. Linkshänder – linkes Bein vorn.
● Die Ausholbewegung wird als Kreisbewegung ausgeführt.
▶ Ball aus der Ausgangsstellung direkt nach oben führen.
● Der Ball wird beim Abwurf zu weit seitlich vom Kopf gehalten.
▶ Die Wurfhand mit dem Ball soll oberhalb der rechten Schläfe sein (Rechtshänder) bzw. der linken (Linkshänder).
● Das Handgelenk wird nicht nach vorn abgebeugt.
▶ Die Handfläche soll nach dem Wurf nach unten zeigen.

Übungsformen zum Standwurf:

Wir bilden Paare:
Zwei Spieler üben zusammen. Ein
Spieler wirft aus verschiedenen
Entfernungen auf den Korb (1 bis
4 Meter). Sein Partner wirft ihm den
Ball zurück. Nach 5 Würfen wird
gewechselt.

Wir werfen um die Wette:

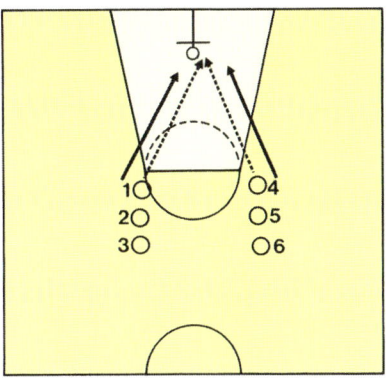

Wir stellen an jedem Korb zwei
etwa gleich große Gruppen auf.
Jede Gruppe hat einen Ball. Der
Erste jeder Gruppe wirft auf den
Korb, holt dann seinen Ball und
passt ihn sofort zum nächsten Spieler seiner Gruppe usw. Jeder erziel-
te Korb zählt einen Punkt. Die Gruppe, die zuerst 10 Punkte erzielt hat,
ist Sieger. Das Spiel kann aus verschiedenen Entfernungen zum Korb
gespielt werden.

Korbleger

Mit dem Korbleger wird ein Angriff direkt am Korb abgeschlossen, nämlich wenn ein Spieler zum Korb dribbelt oder wenn er im Lauf den Ball in Korbnähe zugespielt bekommt. Der Korbleger findet als Abschluss eines Schnellangriffs oder einer Einzelaktion eines Angreifers Verwendung. Die Trefferquote ist wegen der geringen Entfernung zum Korb im Allgemeinen höher als bei anderen Würfen. Es gibt also zwei Arten des Korblegers:

- Korbleger aus dem Stand beginnend (mit anschließendem Dribbling) und
- Korbleger aus dem Lauf.

Die Bezeichnung »Korbleger« zeigt schon, dass der Spieler den Ball mehr »ablegt« als »wirft«. Der Abstand zum Korb ist selbst bei kleineren Spielern recht gering. Beim **Korbleger aus dem Stand** erhält ein stehender Spieler den Ball zugespielt, dribbelt zum Korb und wirft.

Anlaufbewegung:
Beim Korbleger mit der rechten Hand ist die Schrittfolge »links-rechts-links«. Mit dem ersten Schritt (linkes Bein) wird der Ball auf den Boden geprellt. Beim zweiten Schritt (rechts Bein) wird der Ball im Sprung mit beiden Händen aufgenommen. Mit dem dritten Schritt (linkes Bein) wird der Ball nach oben geführt.

Korbleger

Korbleger von
rechts mit einem
Dribbling

Abwurfbewegung:

Der Absprung erfolgt mit dem linken Bein (letzter Schritt der Schrittfolge). Der Ball wird im Sprung mit beiden Händen nach oben geführt. Die linke Hand dient zur Ballsicherung. Im höchsten Punkt des Sprunges wird der Ball wie beim Standwurf auf den Korb geworfen. Der Wurf wird meist seitlich vom Korb angesetzt, damit man das Spielbrett ausnutzen kann. Beim Korbleger mit der linken Hand lautet die Schrittfolge »rechts-links-rechts«. Der Absprung erfolgt mit dem rechten Bein.

Fehler – Fehlerkorrektur

- Absprung mit dem falschen Bein.
▶ Beim Korbleger mit der rechten Hand: Absprung links. Beim Korbleger mit der linken Hand: Absprung rechts. Als Lernhilfe kann man die Schrittfolge leise mitzählen, z. B. »eins-zwei-drei« oder »links-rechts-links«.
- Überhastetes Durchlaufen unter dem Korb oder dem Spielbrett.
▶ Letzter Schritt als Stemmschritt (Ferse zuerst aufsetzen). Dadurch nimmt man Tempo weg und gewinnt an Höhe.
- Spieler kommt nicht hoch genug.
▶ Schwungbeineinsatz. Beim letzten Schritt das rechte Bein (beim Wurf mit der rechten Hand) aktiv hochführen (bzw. das linke Bein

39

beim Wurf mit der linken Hand).
- Der Ball rutscht beim Hochführen aus der Hand.
▶ Ball mit beiden Händen in die Abwurfposition bringen. Dann erst Lösen der Führungshand.

Zum **Erlernen** der Schrittfolge beim Korbleger von der rechten Seite kann man zuerst mit einer Erleichterung oder Lernhilfe arbeiten: Angehen zum Korb ohne Dribbling. Ausgangsstellung seitlich vom Korb (I).

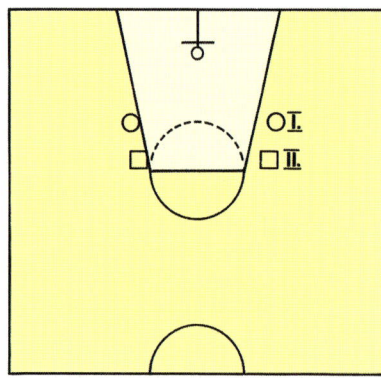

Ball in beiden Händen. Angehen mit »links-rechts-links« (bzw. »rechts-links-rechts« von der linken Seite) und Wurf. Wenn dies beherrscht wird, soll ein etwas größerer Abstand zum Korb gewählt und der richtige Korbleger mit einem Dribbling ausgeführt werden.

Übungsformen

Korbleger mit einem Dribbling:

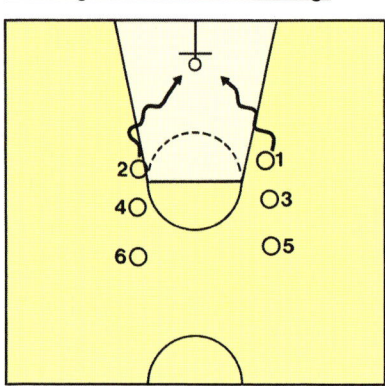

Die Rechtshänder stellen sich auf der rechten Korbseite auf, die Linkshänder auf der linken. Abwechselnd Korbleger mit einem Dribbling. Wer sich schon sicher fühlt, kann auch den Wurf mit der schlechteren Hand versuchen.

Korbleger mit mehreren Dribblings:

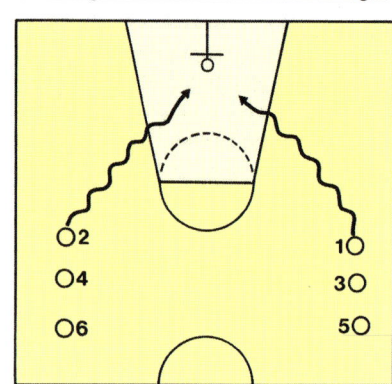

Gleiche Aufstellung wie zuvor, doch beginnen die Spieler aus größerer Entfernung, so dass der Ball mehrfach aufgeprellt werden muss.

Wichtig: Absprung links bei Korbleger mit der rechten Hand. Absprung rechts bei Korbleger mit der linken Hand.

Korbleger mit Antäuschen:

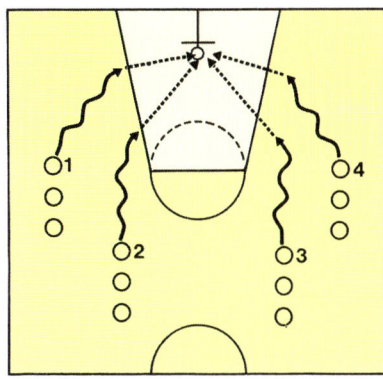

Stühle oder Verteidiger, die sich passiv verhalten, werden vor die Angriffsspieler gestellt. Nach einer Täuschbewegung zu einer Seite gehen die Angreifer an der anderen Seite vorbei, dribbeln zum Korb und werfen einen Korbleger.

Wichtig: Abwechselnd üben, **nicht** gleichzeitig.

Korbleger aus dem Lauf

Beim Korbleger aus dem Lauf mit der rechten Hand fängt der Spieler den Ball im Sprung. Er landet auf dem rechten Bein (1. Kontakt), springt beim 2. Kontakt (linkes Bein) ab und wirft.
Schrittfolge beim Korbleger mit der linken Hand: links-rechts.
Wie erlernen wir den Korbleger aus dem Lauf? Ein Spieler läuft ohne Ball von rechts auf den Korb zu. Ein Partner steht 3 bis 4 Meter vom Korb entfernt und hält einen Ball in Schulterhöhe so, dass der Spieler den Ball im Vorbeilaufen aufnehmen kann. Der Spieler springt kurz bevor er den Partner erreicht hat mit dem linken Bein ab. Er nimmt im Sprung den zugereichten Ball auf. Das rechte Bein ist dabei in der Luft und vorn. Dadurch kommt der Spieler zuerst mit dem rechten Bein auf (1. Kontakt), dann mit dem linken Bein (2. Kontakt). Dieser zweite Kontakt erfolgt als Absprung. Der Wurf beschließt die Aktion. Wenn dies gelingt, reicht der Partner den Ball nicht mehr zu, sondern passt ihn zum vorbeilaufenden Spieler.
Wir erlernen den Korbleger mit der linken Hand von der linken Seite entsprechend: im Sprung das linke Bein vorn (1. Kontakt). Dadurch kommt der Spieler zuerst mit dem linken Bein auf und springt dann mit dem rechten Bein (2. Kontakt) ab.

Lernhilfe für das Erlernen des Korblegers aus dem Lauf

<u>Üben am »laufenden Band«:</u>

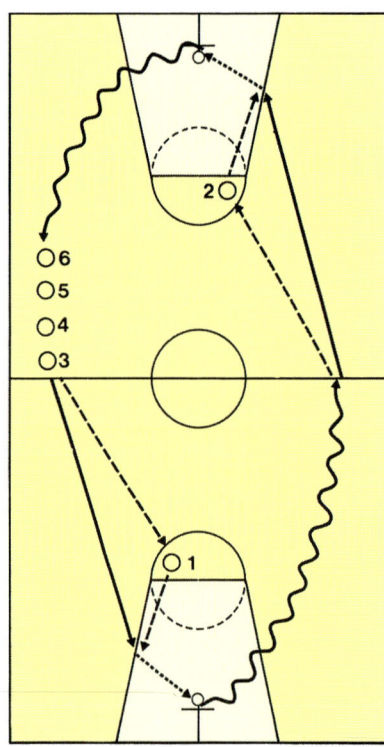

Übungsformen zum Korbleger aus dem Lauf:

Die Spieler 1 und 2 nehmen mit Rücken zum Korb an den beiden Freiwurflinien Aufstellung. Spieler 3 passt zu 1, läuft zum Korb, erhält von 1 wieder den Ball, wirft einen Korbleger, holt seinen Ball, dribbelt auf der anderen Seite bis zur Mittellinie und passt zu Spieler 2 usw. Diese Übung wird von den anderen Spielern in gleicher Weise durchgeführt.
Variation: Spieler 1 und 2 stellen sich auf der anderen Seite der Freiwurflinie auf; die Übung erfolgt jetzt im Uhrzeigersinn mit Korbleger mit der linken Hand.

Korbleger aus dem Anspiel:

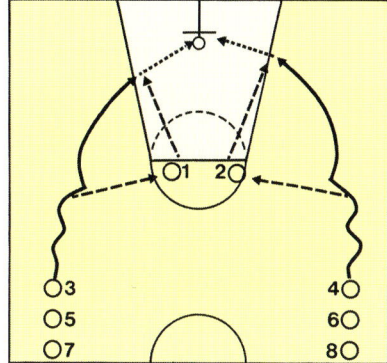

Korbleger mit Verteidiger:

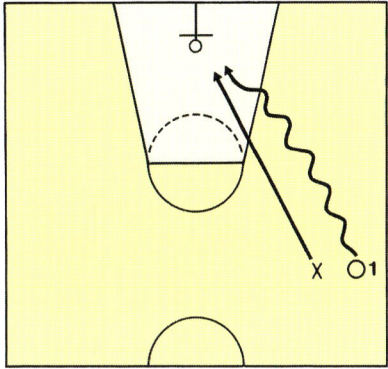

Die Spieler 1 und 2 nehmen mit dem Rücken zum Korb Aufstellung an der Freiwurflinie. 3 und 4 haben je einen Ball. Sie dribbeln ein paar Schritte, passen dann zu 1 bzw. 2, täuschen nach innen an und laufen außen an 1 bzw. 2 vorbei. Sie erhalten den Ball im Lauf wieder zugespielt und schließen mit Korbleger ab. Wer von rechts kommt, schließt sich der linken Gruppe an und umgekehrt.

X verteidigt zuerst nicht voll. Spieler 1 dribbelt zum Korb und wirft einen Korbleger. X läuft neben, aber etwas hinter ihm mit. Er springt in der Wurfphase mit, ohne jedoch den Ballbesitzer oder den Ball zu berühren.
Bei höherem Spielniveau verteidigt X immer aktiver und schließlich so, wie er es auch im Spiel tut.

43

Sprungwurf

Der Sprungwurf ist eine der wichtigsten Wurfarten im Basketball. Mit ihm kann man leichter über einen Verteidigungsspieler hinweg werfen als beim Standwurf. Er ist schwerer abzuwehren, weil er höher abgeworfen wird und auch schnell ausgeführt werden kann. Der Werfer kann aus dem Stand oder direkt aus dem Abstoppen werfen.

Sprungwurf aus dem Stand

Ausgangsstellung:
Füße höchstens schulterbreit auseinander. Entweder Parallelstellung oder leichte Schrittstellung. Bei der Schrittstellung stellt der Rechtshänder das rechte Bein etwas voran, der Linkshänder das linke Bein. Der Ball wird vor dem Absprung mit beiden Händen brusthoch gehalten.

Ausholbewegung:
Aus dieser Stellung geht der Werfer tiefer in die Knie.

Sprungwurf –
Absprung und
Wurf

Wichtig: Die Füße zeigen vor dem Absprung in Richtung Korb. Nach dem Absprung durch Strecken der gebeugten Knie wird der Ball mit beiden Händen in Überkopfhöhe gebracht. Wie beim Standwurf kommt die Wurfhand erst hinter, dann unter den Ball.

Wurfbewegung:
Im höchsten Punkt des Sprunges wird der Ball wie beim Standwurf auf den Korb geworfen.

Wichtig: Der Werfer landet mit beiden Füßen gleichzeitig etwa an der Absprungstelle.
Wie erlernen wir die Koordination von Sprung und Wurf?
Mit dem Ball hochspringen, ihn im Sprung in Abwurfposition bringen, aber noch nicht werfen.
Auf beiden Beinen landen. Den Ball wieder in Brusthöhe halten und dann die gleiche Übung ein paar Mal wiederholen. Wenn dies beherrscht wird: 2 Meter von einer Wand entfernt aufstellen. Abspringen, den Ball in Abwurfposition bringen und an die Wand werfen. Diese Übung ein paar Mal wiederholen.

Fehler – Fehlerkorrektur
- Füße beim Absprung zu eng beieinander.
▶ Beste Fußstellung: Füße 30 cm auseinander.
- Ball wird zu früh oder zu spät abgeworfen.

▶ Erst im höchsten Punkt des Sprunges abwerfen (der Werfer soll das Gefühl haben, kurz in der Luft zu »stehen«).
- Ball beim Abwurf hinter dem Kopf.
▶ Ball vor dem Abwurf in Überkopfstellung bringen.
- Falsche Ausholbewegung.
▶ Ball nicht nach unten nehmen, wenn man in die Knie geht.
- Unterschenkel werden angezogen.
▶ Beine in der Luft gerade hängen lassen.

Sprungwurf aus dem Dribbling

Der Sprungwurf aus dem Dribbling bereitet zuerst Schwierigkeiten, weil das Abstoppen mit der dann anschließenden Wurfbewegung koordiniert werden muss. Er ist aber eine gefährliche Waffe gegen einen Verteidiger, der beim Dribbling des Angreifers deutlich zurückweicht, um einen Durchbruch zum Korb zu verhindern. Beim Abstoppen des Dribblings wird der vordere Fuß (beim Dribbling mit der rechten Hand ist dies der linke Fuß) daneben gestellt. Das linke Bein ist dann das Standbein. Nach Aufsetzen des vorderen Fußes wird der Ball in beide Hände genommen. Nach dem Abstoppen wird die Wurfbewegung so ausgeführt wie beim Sprungwurf aus dem Stand.

Fehler – Fehlerkorrektur

- Falsches Abstoppen.
▶ Vorderen Fuß fest auf den Boden setzen, damit ein sicheres Stand-bein gegeben ist, wenn der an-dere Fuß daneben gesetzt wird.
- Sprung nach vorn. Foulgefahr.
▶ Sprung aus der parallelen Fuß-stellung nach oben richten. Aktiv abstoppen.

Übungsformen zum Sprungwurf:

Die Übungsformen zum Standwurf können auch zur Übung des Sprungwurfes aus dem Stand ver-wendet werden. In nachstehenden Übungsformen wird der Sprungwurf aus der Bewegung geübt.

Sprungwurf nach Dribbling:

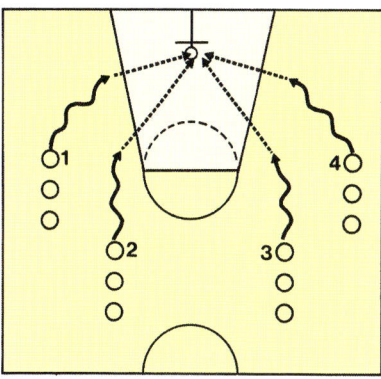

Der jeweils vorderste Spieler einer Gruppe dribbelt ein paar Schritte nach vorn oder zur Seite und wirft einen Sprungwurf. Die Werfer ho-len ihren Ball, passen zu ihrer Grup-pe zurück und schließen sich hin-ten an.

Sprungwurf vor Hindernis:

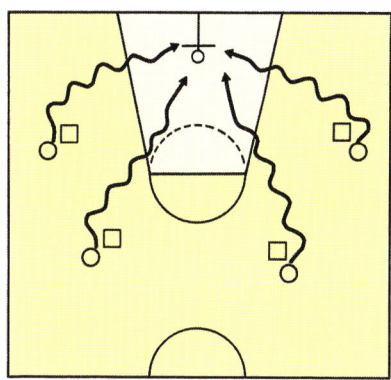

Vor jede Gruppe wird ein Stuhl auf-gestellt. Die beiden vorderen Spie-ler der Gruppen dribbeln auf »ihren« Stuhl zu, stoppen unmittel-bar davor ab, werfen einen Sprung-wurf und landen, ohne den Stuhl zu berühren. Statt Stühle können auch sich passiv verhaltende Verteidiger das »Hindernis« bilden.

Sprungwurf über die Deckung:

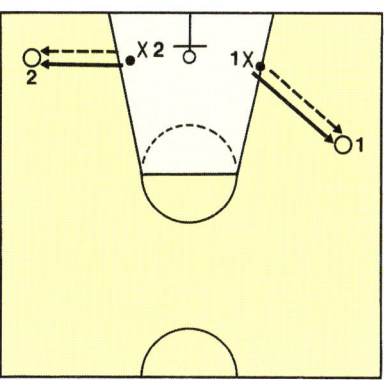

47

X_1 passt zu Spieler 1, läuft seinem Pass hinterher und versucht, den Sprungwurf von 1 zu verhindern. Nach dem Wurf holt X_1 den Ball, spielt wieder zu 1, der wiederum wirft. Nach 10 Würfen tauschen X_1 und 1 die Rollen. Auf der anderen Seite tun X_2 und 2 dasselbe.

Sprungwurf aus dem Durchziehen:

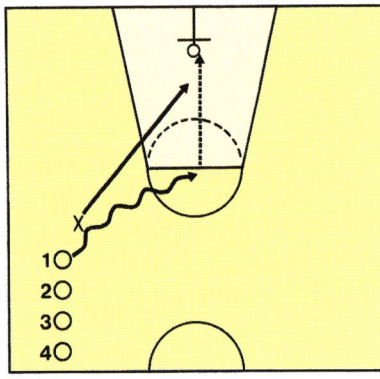

Spieler 1 täuscht nach links an und zieht dann rechts durch.
Der Verteidiger soll durch Zurücksinken ein Durchziehen erschweren. 1 stoppt etwa an der Freiwurflinie ab und wirft. X holt den Ball und passt zu 2 usw. Diese Übung kann von verschiedenen Positionen ausgeführt werden.

»21er«-Spiel:

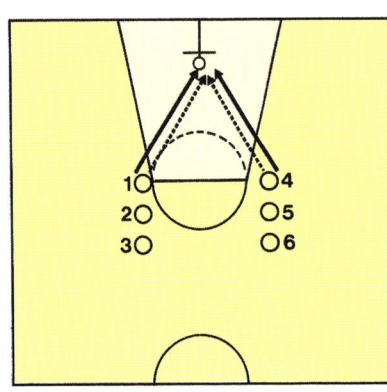

Jede Gruppe hat einen Ball. Der erste Spieler jeder Gruppe wirft einen Sprungwurf, holt seinen Ball und passt ihn sofort zum nächsten Spieler seiner Gruppe usw. Jeder Treffer zählt einen Punkt. Die Gruppe, die zuerst 21 Punkte erreicht, ist Sieger. Das Spiel kann von den verschiedensten Positionen gespielt werden.

Wurfvariationen

Neben den gebräuchlichsten Wurfarten – Korbleger, Standwurf und Sprungwurf – werden noch andere Würfe verwendet, die aber fast immer Variationen dieser Grundwürfe darstellen. Sie werden in bestimmten Spielsituationen angewendet, z. B. wenn ein Angreifer den Ball mit Rücken zum Korb erhält, sich dann aber dennoch zum Korb durchspielen kann.

Eine Variante des Korblegers ist das **»Dunking«.** Dabei wird der Ball ohne Brettberührung direkt in den Korb »gestopft«.

Vorteil: Ein Verteidiger kann den aufsteigenden Ball nicht abwehren, weil der Ball nicht frei ist. Beim Dunking wird der Ball am Ende der Korblegerbewegung mit einer oder beiden Händen von oben nach unten in den Korb gedrückt. Voraussetzung ist, dass der Werfer hoch genug springen kann (oder so groß ist), dass sich die Hände beim Wurf über Ringhöhe befinden. Eine andere Variante ist der Korbleger mit der rechten Hand, wenn der Werfer von links kommt, oder der Korbleger mit der linken Hand, wenn der Werfer von rechts kommt.

Diese Formen kommen vor, wenn man z. B. bei einem Block an der Innenseite des Verteidigers vorbeigeht.

Die Schwierigkeit bei dieser Art des Korblegers liegt darin, dass der Werfer sich im richtigen Moment zum Korb drehen muss. Dazu soll er die beiden letzten Kontakte vor dem Wurf so ausführen, dass die Füße schon zum Korb zeigen. Der Bogen zum Korb wird mit den beiden letzten Schritten eingeleitet. Das Knie des Schwungbeines wird nach dem Absprung nach innen gedreht.

Variation des Korblegers – Schrittfolge und Drehung des Körpers zum Korb

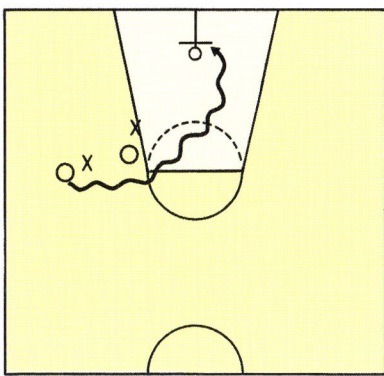

49

Fehler – Fehlerkorrektur
- Körper wird erst beim Wurf gedreht.
▶ Die Hinwendung zum Korb soll schon bei den letzten beiden Kontakten erfolgen.
- Abwurf zu weit weg vom Korb.
▶ Abwurfposition wie beim normalen Korbleger.

Hakenwurf

Die schwierigste Variante des Korblegers ist der Hakenwurf. Er wird meist nahe am Korb vom Centerspieler ausgeführt, der den Ball mit Rücken zum Korb erhalten hat. Der Werfer soll möglichst eine parallele Fußstellung haben, wenn er den Ball erhält.

Hakenwurf mit der **rechten Hand:**
Der Werfer beginnt mit einem Schritt des linken Beins. Der Fuß wird etwa im Winkel von 90° zur Ausgangsstellung aufgesetzt (so, dass die Fußspitze schon näher zum Korb zeigt als bei der Ausgangsstellung). Dies erleichtert das Drehen des Körpers zum Korb. Der Ball wird in Hüfthöhe gehalten. Mit dem Abstemmen vom linken Fuß wird der Blick zum Korb gerichtet und der Ball mit beiden Händen in Richtung der rechten Schulter geführt. Das rechte Bein wird in einem leichten Bogen zum Korb hochgeführt. Der Ball wandert weiter in Verlängerung der Schulterachse.

Die linke Hand wird vom Ball gelöst, wenn die rechte Hand unter dem Ball ist. Wenn der Ball in Schulterhöhe ist, ist auch der Arm fast gestreckt.
Eingeleitet durch das diagonale Hochbringen des rechten Knies neigt sich der Körper leicht nach innen zum Korb, während der Ball im Bogen über den Kopf auf den Korb geworfen wird.
Beim Abwurf ist die Hand genau hinter dem Ball. Der Ball wird erst losgelassen, wenn der Arm fast senkrecht nach oben zeigt. Meist wird mit Brett geworfen.

Fehler – Fehlerkorrektur
- Nur der Oberkörper wird zum Korb gedreht.
▶ Schon das Knie des Schwungbeins beim Hochführen nach innen drehen.

Finten (Täuschungen)

Eine Vielzahl von Spielhandlungen im Basketball (in Angriff und Verteidigung) wird durch Finten vorbereitet oder von ihnen begleitet.

Zweck der Finte ist es, den oder die Gegenspieler zu einer bestimmten Reaktion zu verleiten, die das eigene Spiel erleichtert. Zwei wichtige Punkte:
- Eine Täuschung muss »glaubhaft« sein. Wenn der Gegenspie-

Wurffinte mit anschließendem Durchziehen

ler nicht darauf eingeht, muss sich die vorgetäuschte Aktion als echte Spielhandlung fortsetzen lassen. Täuscht ein schlechter Werfer weit vom Korb entfernt einen Wurf an, um besser an dem vorrückenden Gegenspieler vorbeigehen zu können, wird ein Verteidiger kaum darauf reagieren.

Durchbruchsfinte mit anschließendem Wurf

53

1

- Richtiges Timing ist wichtig. Will sich z. B. ein Spieler durch eine Täuschung freilaufen, sein Mitspieler mit Ball hat aber keine Blickverbindung mit ihm, ist diese Täuschung ziemlich nutzlos. Angriffsspieler verwenden Finten mit oder ohne Ball.

> *Merke:*
> Der Ballbesitzer kann die folgenden Täuschungen verwenden:

2

1. Um seinen Gegenspieler umdribbeln zu können.

Hierzu täuscht der Ballbesitzer einen Wurf an, indem er den Ball in die Ausgangsposition zum Wurf bringt. Rückt der Verteidiger näher heran, kann der Ballbesitzer besser an ihm vorbeidribbeln. Eine weitere Möglichkeit: Ballbesitzer täuscht einen Durchbruch nach links an. Wenn der Verteidiger diesen Weg durch seine Stellung versperrt, wird der Durchbruch nach rechts erleichtert.

2. Um zum Wurf zu kommen.

Wird der Ballbesitzer so eng gedeckt, dass ein unbehinderter Wurf nicht möglich ist, täuscht er einen Durchbruch zum Korb an. Weicht der Verteidiger zurück, kann der Ballbesitzer unbehindert werfen.

54

3

3. Um einen Pass geben zu können.
Hierzu täuscht der Ballbesitzer einen Wurf oder Durchbruch zum Korb vor. Die entsprechende Reaktion des Verteidigers erleichtert das Passen.
Ein Angreifer **ohne** Ball kann Täuschungen verwenden, um in Korbnähe an den Ball zu kommen (damit er anschließend werfen kann) oder irgendwo auf dem Spielfeld angespielt werden zu können.
Vor dem Lauf zum Korb wird meist so getäuscht, dass der Angreifer erst eine Finte in Richtung Ball ausführt und dann zum Korb läuft. Will ein Angreifer nur freikommen, um angespielt werden zu können, führt er meist eine Finte zum Korb aus und ändert dann plötzlich seine Richtung zum Ball hin. Sehr gut sind Täuschungen, bei denen die Laufgeschwindigkeit oder die Richtung geändert wird.

Merke:
Sehr wichtig sind Finten bei allen Blockhandlungen.
Der Spieler, der den Block stellt, täuscht erst eine andere Aktion vor, damit er den Block richtig stellen kann.

Der Spieler, der den Block ausnutzt, täuscht eine Aktion weg vom Block vor, um dann den Block besser ausnutzen zu können.
Die Verteidiger verwenden Finten, um einen Gegenspieler zu verunsichern und zu einer falschen Reaktion zu verleiten.
Die meisten Abwehrfinten sind gegen den Ballbesitzer gerichtet.
Hauptsächlich werden zwei **Finten** verwendet:
1. **Angriff** auf den Ball, um den Ballbesitzer zu einem Druchbruch zu

Angreifer kommt durch eine Täuschung frei

verleiten, auf den der Verteidiger aber vorbereitet ist. Hierzu macht der Verteidiger aus der Verteidigungs-Grundstellung einen Ausfallschritt auf den Ballbesitzer zu und greift mit einer Hand den Ball an. Sofort anschließend weicht der Verteidiger wieder zurück.

2. **Zurücksinken** mit anschließendem Angriff auf den Ball. Zweck dieser Finte ist, einen Wurf zu erschweren. Hierzu weicht der Verteidiger etwas vom Ballbesitzer zurück, damit dieser glaubt, dass ein Durchbruch zum Korb nicht möglich ist, dafür jedoch ein Wurf. In die Wurfvorbereitung hinein greift der Verteidiger plötzlich an. Auch wenn der Ballbesitzer nicht wirft, ist er durch diese Art der Verteidigung meist so verunsichert, dass er bemüht ist, den Ball abzuspielen.

Rebound

Bei den meisten Sportspielen wechselt nach einem erfolglosen Versuch, ein Tor oder einen Punkt zu erzielen, der Ballbesitz von einer Mannschaft zur anderen automatisch, weil er ins Aus geht, vom Torwart gefangen wird usw. Beim Basketball bleibt der Ball nach einem Fehlwurf meist im Spiel, da er gewöhnlich vom Korb oder Spielbrett ins Spielfeld zurückprallt.

Beide Mannschaften versuchen nach einem Wurf, dem Ball nachzusetzen und den abprallenden Ball zu fangen. Diese Aktion nennt man **Rebound.**

Der Beherrschung des Rebounds kommt im Basketball sehr große Bedeutung zu. Gelingt es der angreifenden Mannschaft, den Ball nach einem Fehlwurf wieder zu erobern, hat sie eine weitere Wurfchance, oft direkt in Korbnähe. Erspringt sich dagegen die verteidigende Mannschaft den Ball, kann sie einen schnellen Gegenangriff einleiten oder ihrerseits Wurfchancen herausspielen.

Wichtig: Auch kleinere Spieler können dazu beitragen, den Rebound zu erhalten. Geschicktes Stellungsspiel ersetzt oft einige Zentimeter an Körpergröße.

> *Merke:*
> Die Mannschaft, die die meisten Rebounds erhält, kontrolliert das Spiel.

Der Verteidiger hat beim **Defensiv-**Rebound zwei Aufgaben.

1. **Herausblocken** des direkten Gegenspielers (bei Mann-Mann-Verteidigung) oder des Gegenspielers in seinem Deckungsabschnitt (bei Raumdeckung):
Der Verteidiger versucht, die Innenposition (näher zum Korb als der Angreifer) zu behalten oder zu erringen. Dann nimmt er folgende Stellung ein: Füße schulterbreit auseinander, Knie leicht gebeugt,

Arme leicht angewinkelt, Hände etwa brusthoch.

Ziel ist es, ein möglichst großes Hindernis für den Angreifer zu bilden.

2. **Springen** nach dem abprallenden Ball:

Beidbeiniger Absprung. Im höchsten Punkt des Sprunges wird der Ball möglichst mit beiden Händen gefasst und heruntergerissen. Kann der Ball nur mit einer Hand erreicht werden, soll die zweite Hand so früh wie möglich hinzugenommen werden, damit der Ball nicht aus der Hand rutscht.

Wichtig: Auch Angreifer, die nicht geworfen haben, müssen herausgeblockt werden, damit sie nicht zum Rebound kommen.

Die Art des Herausblockens richtet sich nach der Entfernung des Angreifers zum Korb.

Beispiel: Angreifer weit vom Korb entfernt:

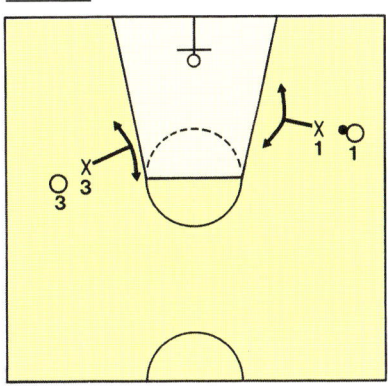

Spieler O_1 wirft auf den Korb. X_1 legt zwei kurze Schritte in Richtung Korb zurück, beobachtet dabei O_1 und blockt dann einen möglichen Reboundversuch von O_1 ab. Würde X_1 sofort herausblocken, könnte er von O_1 durch ein Täuschungsmanöver zu leicht umlaufen werden. Die kurzen Schritte rückwärts verschaffen X_1 den nötigen Vorsprung. X_3 verhält sich gegen O_3 in gleicher Weise, da auch O_3 weit vom Korb entfernt ist.

Beispiel: Angreifer nahe am Korb:

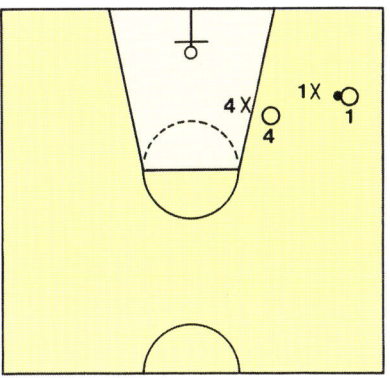

Spieler O_1 wirft. X_1 verhält sich wie zuvor; X_4 blockt seinen Gegenspieler sofort heraus, da dieser nahe am Korb ist. Würde X_4 erst ein oder zwei Schritte zurückgehen, käme er zu dicht unter den Korb. Außerdem ließe er O_4 in eine günstige Position.

57

Fehler – Fehlerkorrektur

- Verteidiger wartet ab, ob der Ball in den Korb geht.
▶ Bei jedem Wurf zum Rebound bereit sein.
- Gegenspieler erringt die Innenposition.
▶ Gegenspieler beobachten und dann herausblocken.

Beim **Offensiv**-Rebound verhalten sich die Angreifer etwas anders als die Verteidiger.
Die Aufbauspieler sind meist nicht am Rebound beteiligt, da sie den Rückraum gegen schnelle Gegenangriffe sichern.
Bei den Angreifern entfällt auch die Aufgabe des Herausblockens. Ihr Ziel ist es, möglichst schnell die Innenposition zu bekommen. Der Angreifer muss auch nicht den Ball sichern. Er kann den Ball in der Luft zu einem Mitspieler oder direkt auf den Korb tippen. Beim Offensiv-Rebound versucht man daher – wenn man nicht die Innenposition hat –, mit einer Hand an den Ball zu kommen, da man mit einer Hand im Sprung höher reichen kann als mit beiden Händen.

Fehler – Fehlerkorrektur

- Angreifer läuft auf einen Verteidiger auf, der eine sichere Innenposition hat (Foul des Angreifers).
▶ Hinter dem Verteidiger hochspringen, wenn dieser nicht umlaufen werden kann.

Übungsformen

Springen ans Brett (ohne Ball):

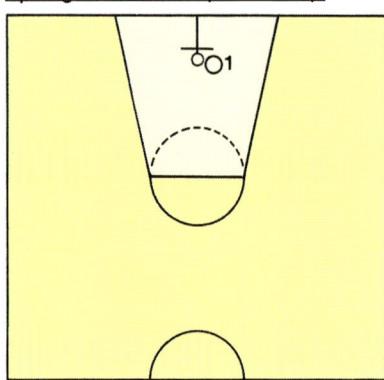

Der Spieler O_1 nimmt Aufstellung unter dem Brett und tippt 5-mal mit der rechten Hand ans Brett, wobei er immer ohne Zwischenschwung springen soll. Dann 5-mal mit der linken Hand.
Große Spieler können versuchen, den Korbring anzutippen. Mit dieser Übung soll der beidbeinige Absprung geübt werden.

Rebound unter dem Brett:

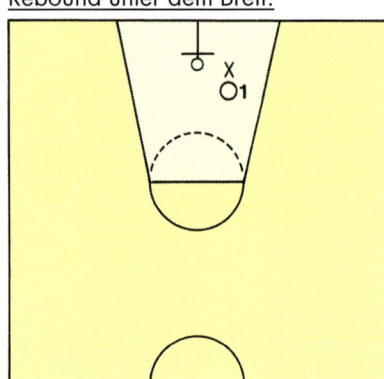

Der Spieler O_1 wirft den Ball ans Brett; X und O_1 springen sofort nach dem Ball. Wer ihn erhält, versucht einen Korbwurf. Nach 5 Rebounds tauschen X und O_1 die Rollen.

Rebound aus dem Rebound-Dreieck:

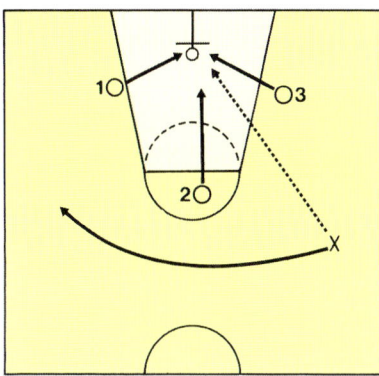

X wirft auf den Korb. Jeder der drei restlichen Spieler versucht, den Rebound zu erhalten. Rückpass zu X, der wiederum wirft. Nach jedem Wurf kann X seine Position ändern.

Rebound 3 gegen 3:

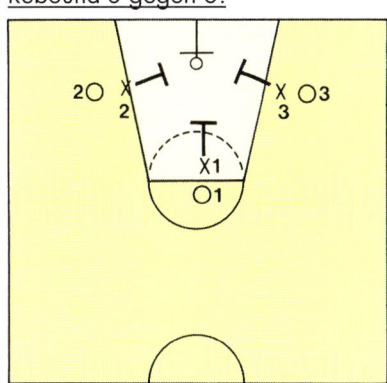

Der Spieler O_1 wirft auf den Korb. Dann versuchen Angreifer und Verteidiger den Ball zu erhalten. Gelingt es den Angreifern, so versuchen sie, einen Korb zu erzielen. Erhält die Verteidigung den Ball, beginnt die Übung wieder von vorn. Nach fünf Versuchen Rollentausch.

Verteidigungstechnik

Das Verteidigungsverhalten des Basketballspielers ist vor allem auch taktisches Verhalten. Der einzelne Verteidigungsspieler kann seine Deckungsaufgaben am besten im Zusammenwirken mit seinen Mitspielern lösen. Dazu braucht er aber technische Fertigkeiten, wie etwa Beinarbeit und anderes mehr. Zudem gibt es im Spiel ständig wiederkehrende Situationen, bei denen der Verteidiger auf technische Elemente zurückgreifen kann und muss, die er im Spiel 1 gegen 1 erwirbt.

Verteidigung gegen einen Dribbler

Hier kann der Verteidiger versuchen, den Dribbler vom Korb abzudrängen, ihn zu stoppen oder den Ball herauszuspielen. Der Verteidiger weicht vor dem Dribbler zurück. Er versucht, den Dribbler durch eine seitliche Stellung von der Spielfeldmitte zur Seite abzudrängen.

59

Stellung des
Verteidigers
gegen einen
Dribbler

Wichtig: Der Verteidiger bewegt sich dabei mit **Gleitschritten.** Mit der inneren Hand (die dem Ball am nächsten ist) greift er ständig den Ball an. Der Rechtshänder wird mit der rechten Hand angegriffen, das linke Bein wird etwas zurückgenommen. Der Linksdribbler wird mit der linken Hand angegriffen. Beendet der Dribbler sein Dribbling, geht der Verteidiger sofort enger an ihn heran, um einen Pass oder Wurf zu erschweren.

Fehler – Fehlerkorrektur

● Falsches Bein und falsche Hand vorn.
▶ Rechte Hand vorn, linkes Bein zurück bzw. linke Hand vorn, rechtes Bein zurück.
● Überkreuzen der Beine beim Abdrängen des Dribblers.
▶ Gleitschritte verwenden (siehe S. 61).

Übungsform zur Beinarbeit gegen den Dribbler:

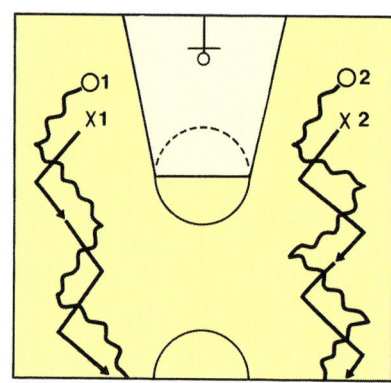

O_1 und O_2 dribbeln in mittlerem Tempo zum entfernteren Korb. Sie wechseln dabei zwischen Dribbling mit der rechten und der linken Hand ständig ab.
X_1 und X_2 weichen zurück und halten dabei ihre Hände hinter dem Rücken verschränkt. Sie achten also

nur auf die richtige Beinarbeit. Beim Handwechsel des Dribblers verändern die Verteidiger ihre Beinstellung entsprechend.
Wird dies beherrscht, nehmen die Verteidiger bei den nächsten Versuchen die Hände zu Hilfe. Schließlich dribbeln O_1 und O_2 im Spieltempo, und die Verteidiger versuchen, immer richtig postiert zu sein.

Wichtig: Bei dieser Übungsform soll der Verteidiger vor allem die richtige Beinarbeit und das spielgerechte Zurückweichen üben, erst in zweiter Linie das Herausschlagen des Balles.

Beinarbeit: Gleitschritte

Der Verteidiger soll versuchen, möglichst häufig in der Verteidigungsstellung zu sein, damit er auf wechselnde Situationen reagieren kann. Muss er seine Position verändern, soll er dies mit **Gleitschritten** (Nachstellschritten) tun. Die Bewegung ähnelt der Beinarbeit eines Boxers.

Bewegungsausführung
Aus der Grundstellung erfolgt der erste Schritt mit dem Bein, das der Bewegungsrichtung am nächsten ist.

Beispiel: Verteidiger folgt einem Dribbler:

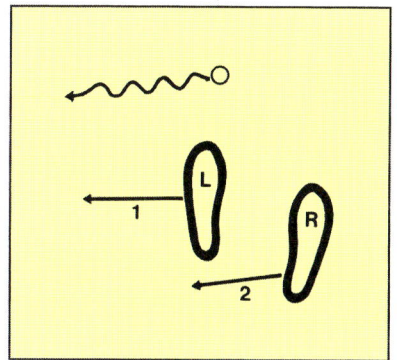

Der erste Schritt erfolgt mit dem linken Fuß (1). Dann wird das andere Bein nachgezogen (2).

Fehler – Fehlerkorrektur
- Überkreuzen der Beine. Verlust des Gleichgewichts bei Richtungsänderung des Angreifers.
- ▶ Das nachfolgende Bein darf nicht an dem anderen Bein vorbeigesetzt, sondern nur herangezogen werden (daher die Bezeichnung »Gleitschritt«).

Muss der Verteidiger **zurückweichen,** soll er den ersten Schritt mit dem hinteren Fuß ausführen und dann das vordere Bein nachziehen. Will er nach **vorn,** soll er den ersten Schritt mit dem vorderen Fuß ausführen und dann das hintere Bein nachziehen.

Wechselt ein Dribbler die **Richtung,** soll der Verteidiger das vordere

61

Bein zurücknehmen (er dreht sich dabei um das hintere Bein) und den Oberkörper in die neue Richtung drehen.

Übungsform zur Beinarbeit:

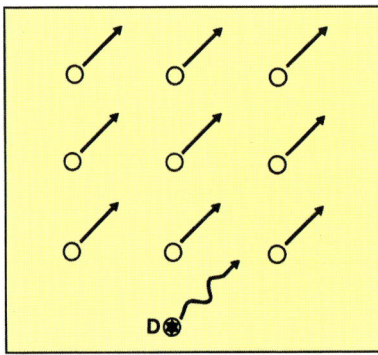

Die Spieler stellen sich so auf, dass sie einen Dribbler sehen können. Dieser dribbelt in unterschiedlichem Tempo in verschiedene Richtungen (auch vor und zurück). Die Spieler reagieren auf die Richtungsände-rungen mit der beschriebenen Bein-arbeit.

Verteidigung gegen einen Werfer

Das Verteidigungsverhalten gegen einen Werfer hängt von der Entfer-nung des Ballbesitzers zum Korb ab, aber auch davon, ob der Ball-besitzer schon gedribbelt hat. Hat der Werfer noch nicht gedribbelt, geht der Verteidiger nicht so nah heran, damit er nicht zu leicht über-spielt werden kann. Setzt der Wer-fer zum Wurf an, rückt der Vertei-diger in kurzen Gleitschritten näher heran, achtet aber noch auf ein mögliches Dribbling. Wenn der Werfer den Wurf ausführt, geht die Hand des Verteidigers beim Hoch-führen des Balles mit nach oben. Der Verteidiger versucht, den Ball erst dann zu blockieren, wenn der Ball die Hand des Werfers verlässt. Hat der Werfer schon gedribbelt, geht der Verteidiger nahe an den Werfer heran, da er jetzt nicht mehr umspielt werden kann.

Merke:
Oft kann der Verteidiger den Ball nicht mehr erreichen. Er soll aber immer stören, um den Wurf zu erschweren. Oft »verzieht« der Werfer den Wurf, wenn er sich gestört fühlt. Der Verteidiger soll aber erst dann hochspringen, wenn der Ball die Hand des Werfers verlässt oder der Werfer abgesprungen ist.

Fehler – Fehlerkorrektur

- Verteidiger ist zu nah am Werfer, der noch nicht gedribbelt hat.
▶ Entfernung zum Werfer etwa 1 Meter. Den Werfer so bedrängen, dass er nicht weiß, ob er dribbeln oder werfen soll.
- Verteidiger ist zu weit weg vom Werfer, der schon gedribbelt hat.
▶ Nach Beendigung des Dribblings sofort in kurzen Gleitschritten an den Werfer herangehen.
- Verteidiger springt zu früh in die Höhe.
▶ Erst dann hochspringen, wenn der Ball die Hand des Werfers verlässt oder der Werfer schon im Sprung ist.

Taktik

Basketball gehört zu den Sportarten, in denen das taktische Verhalten von außerordentlich großer Bedeutung ist.

In einem »normalen« Spiel werden von beiden Mannschaften zusammen oft 150 und mehr Punkte erzielt. Trotz dieser hohen Trefferzahl kommt es häufig zu sehr spannenden Spielen, die manchmal erst in der Verlängerung entschieden werden. Das taktische Verhalten der Spieler ist dabei ebenso von grundlegender Bedeutung für den Spielausgang wie die taktische Konzeption, mit der ein Trainer das Spiel zu steuern versucht. Erst die Beherrschung spieltechnischer und spieltaktischer Elemente macht den guten Spieler aus.

Unter **Taktik** wird hier die mannschaftliche Maßnahme zur Erreichung des Spielziels verstanden. Die jeweils zu ergreifenden taktischen Maßnahmen sind abhängig von den gerade gegebenen Spielbedingungen. So wird eine Mannschaft, die kurz vor Ende des Spiels knapp in Führung liegt, das Spieltempo drosseln, um ein möglichst geringes Risiko einzugehen. Eine Mannschaft dagegen, die zurück liegt, wird versuchen, schnell zum Korberfolg zu kommen, auch auf die Gefahr hin, Fehler zu machen. Kommt eine Mannschaft in Ballbe-

sitz, so kann sie zuerst versuchen, mit einem schnellen Vorstoß (Schnellangriff) zum Korberfolg zu kommen. Ein Vorteil des **Schnellangriffes** ist, dass der Korbwurf meist nahe am Korb ausgeführt werden kann, wodurch eine hohe Trefferquote zu erwarten ist.

Ist ein Schnellangriff nicht möglich oder aus taktischen Gründen nicht sinnvoll, kommt der **Positionsangriff** zur Anwendung. Die Art des Angriffes hängt dabei von der vom Gegner gespielten Deckungsform ab. Am häufigsten wird in der Spieleinheit 3 gegen 3 gearbeitet. Die meisten Positionsangriffe im Spiel werden von jeweils drei Spielern ausgeführt. Die beiden anderen Spieler binden ihre Verteidiger oder sichern bei Ballverlust gegen schnelle Gegenangriffe ab.

Gegen eine **Mann-Deckung** verwendet man alle Arten von **Blocks,** die einen oder mehrere Angriffsspieler für einen Augenblick der Ballannahme oder des Wurfes freispielen.

Gegen eine **Raum-Deckung** (Zonen-Deckung) versucht man, an einer Stelle des Spielfeldes, von der man korbgefährlich ist, ein zahlenmäßiges Übergewicht zu schaffen. Dies kann durch bestimmte Laufwege oder durch geschicktes Passen und gutes Stellungsspiel erreicht werden, wenn es der Verteidigung nicht gelingt, als Ganzes mitzuschwenken.

Welche Angriffszüge ausgewählt werden können, wird immer auch

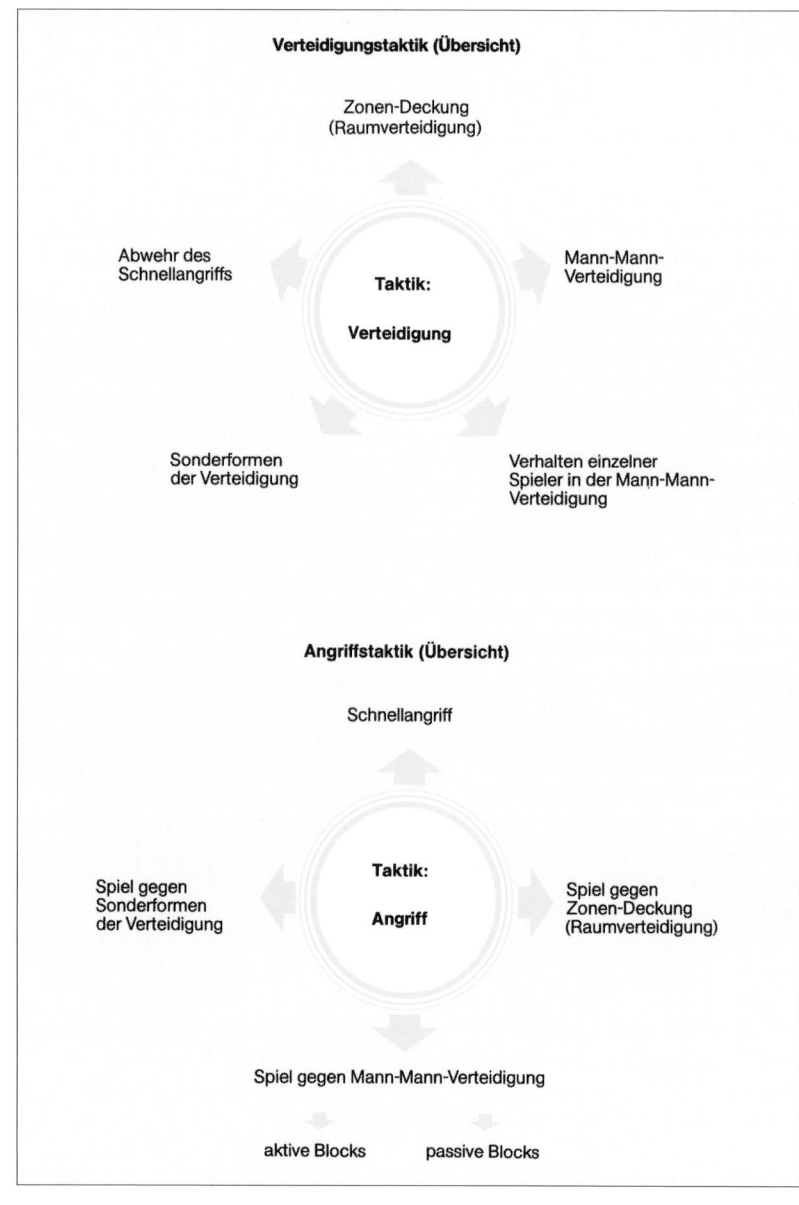

Verteidigungstaktik (Übersicht)

Zonen-Deckung
(Raumverteidigung)

Abwehr des
Schnellangriffs

Taktik:

Verteidigung

Mann-Mann-
Verteidigung

Sonderformen
der Verteidigung

Verhalten einzelner
Spieler in der Mann-Mann-
Verteidigung

Angriffstaktik (Übersicht)

Schnellangriff

Spiel gegen
Sonderformen
der Verteidigung

Taktik:

Angriff

Spiel gegen
Zonen-Deckung
(Raumverteidigung)

Spiel gegen Mann-Mann-Verteidigung

aktive Blocks   passive Blocks

von den Möglichkeiten der eigenen Mannschaft abhängen.

Verliert eine Mannschaft den Ball, so versucht sie zuerst, einen Schnellangriff der gegnerischen Mannschaft zu verhindern. Ist dies gelungen, wählt sie entweder eine **Mann-Mann-Verteidigung** oder eine **Raum-Deckung** (Zonen-Deckung).

Beide Möglichkeiten können in verschiedenen Variationen gespielt werden. Es finden sich zuweilen auch Mischformen. Im modernen Basketball werden die Deckungsarten in einem Spiel häufig gewechselt, damit die angreifende Mannschaft oft vor die Schwierigkeit gestellt wird, sich anpassen zu müssen. Die Wahl der Deckungsart hängt jedoch von den vorhandenen Spielern ab. Hat man in der Mehrzahl große, aber etwas unbewegliche Spieler, wird man eher eine zurückgezogene Zonen-Deckung spielen. Hat man dagegen viele kleinere Spieler, die schnell und beweglich sind, wird man eher eine Mann-Deckung über das ganze Feld oder eine aggressive Zonen-Deckung spielen.

Mann-Mann-Verteidigung

Bei dieser Deckungsart ist jeder Verteidiger für einen direkten Gegenspieler verantwortlich. Bei der normalen Mann-Deckung ist der Verteidiger zwischen Gegenspieler und Korb. Der Ballbesitzer wird enger gedeckt als die Spieler, die den Ball nicht haben.

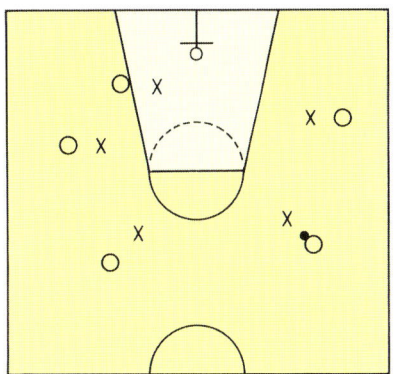

Befindet sich der direkte Gegenspieler weit vom Ball entfernt und

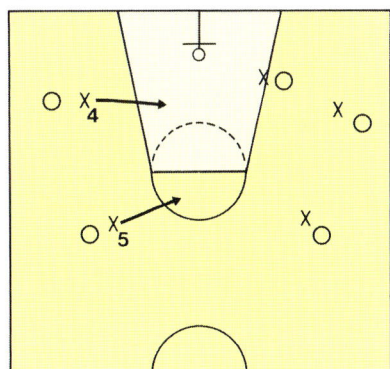

67

kann den Ball wahrscheinlich nicht durch einen einzigen Pass erhalten, weicht der Verteidiger in Richtung Korb zurück, um den Raum nahe am Korb besser zu sichern. X_4 und X_5 zeigen dieses Deckungsverhalten.

Wichtig: Jeder Verteidiger muss bemüht sein, immer den Gegenspieler und den Ball im Blick zu haben. Er kann dies durch sein Stellungsspiel erreichen. Sobald ein direkter Gegenspieler an den Ball kommen kann (d. h. mit dem nächsten Pass den Ball erhalten kann), rückt der Verteidiger eng heran. X_3 zeigt dieses Deckungsverhalten, nachdem O_1 zu O_2 gepasst hat. O_2 könnte jetzt O_3 anspielen. Daher rückt X_3 näher heran.

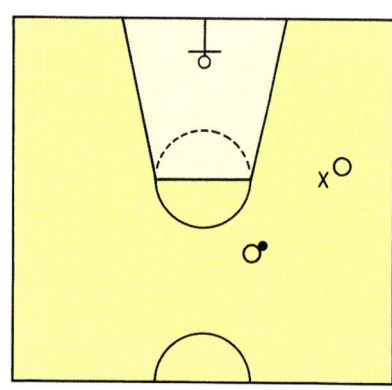

decken, dass die Verteidiger zwar noch immer zwischen Gegner und Korb stehen, sich aber etwas zwischen Ball und Gegenspieler befinden, damit ein möglicher Pass erschwert wird.

Fehler – Fehlerkorrektur

● »Kleben« am Gegenspieler, auch wenn der Ball weit von ihm entfernt ist.
▶ In Richtung Korb »sinken«, um diesen Raum zusätzlich abzusichern, wenn vom direkten Gegenspieler keine Gefahr ausgeht.
● Augenmerk nur auf dem Gegenspieler. Spielsituation wird nicht erkannt.
▶ Gegenspieler und Ball im Auge haben.
● »Verlieren« des Gegenspielers.
▶ Nicht dem Spiel zuschauen, sondern »mitspielen«.

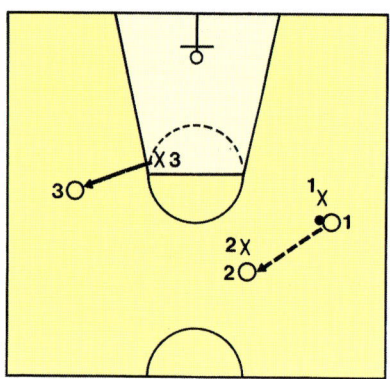

Man kann das Deckungsverhalten noch dadurch verbessern, dass die Verteidiger die Spieler, die den Ball als nächste erhalten können, so

Zonen-Deckung (Raumverteidigung)

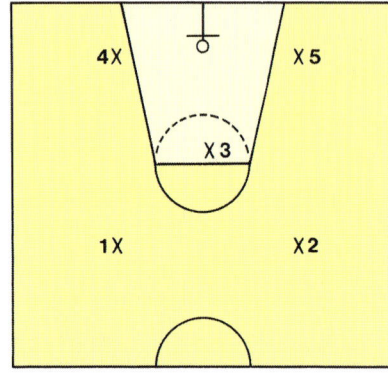

Bei dieser Deckungsart ist jeder Verteidiger für einen bestimmten Raum verantwortlich. Er hat also keinen direkten Gegenspieler, sondern »deckt« einen bestimmten Raum. Durch diese Verteidigung soll erreicht werden, dass der besonders gefährdete Bereich in Korbnähe gut gesichert ist. Jeder Verteidiger hat entsprechend seiner Position bestimmte Deckungsaufgaben zu lösen.

Für eine Zonen-Deckung kann man sich entscheiden, wenn z. B.:

■ der Gegner sehr gute Einzelspieler hat, die gut zum Korb durchziehen können, also im Spiel 1 gegen 1 zu stark wären,

■ der Gegner sehr große Spieler hat, die gegen eine Mann-Mann-Verteidigung zu sehr im Vorteil wären,

■ der Gegner keine guten Schützen von außen hat,

■ die eigene Mannschaft mit vielen Fouls belastet ist.

Die gebräuchlichste Zonenaufstellung ist die **2-1-2-Zone.**
Sie lässt sich je nach taktischer Notwendigkeit leicht in andere Aufstellungsformen verändern. Die Grundaufstellung der 2-1-2-Zone gleicht der Fünf auf einem Würfel. Die kleineren und schnelleren Spieler X_1 und X_2 stören den Spielaufbau des Gegners. Die größeren Spieler X_3,

X_4 und X_5 schirmen vor allem den Raum in Korbnähe ab und sind für den Rebound verantwortlich.
Prinzip jeder Raum-Deckung ist, dass der Ballbesitzer immer direkt angegriffen wird, da von ihm im Augenblick die größte Gefahr ausgeht. Die anderen Verteidiger verschieben sich zum Ball (so als wären sie mit einem Gummiband verbunden).

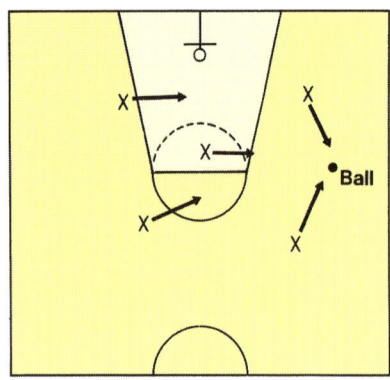

Alle Verteidiger versuchen, den Ball zu sehen. Sie können ihre Arme

nach oben nehmen und damit Pässe quer durch oder über die Zone erschweren.

Fehler – Fehlerkorrektur

- Ballbesitzer wird nicht oder zu spät angegriffen.
▶ Den Ballbesitzer immer bedrängen, oft auch mit mehreren Verteidigern, wenn er in einem Bereich ist, wo er einen erfolgreichen Wurf ansetzen könnte.
- Verteidiger achten nur auf ihren Raumausschnitt.
▶ Zum Ball hin verschieben.
- Reboundaktion wird vergessen.
▶ Beim Wurfversuch sollen die beiden Hinterspieler und der Center zum Rebound gehen. Die beiden Vorderspieler erst weglaufen, wenn der Ball im Besitz der eigenen Mannschaft ist. Auf weit ins Feld abspringende Bälle achten. Eine Raum-Deckung ist nur dann wirksam, wenn alle Verteidiger die jeweiligen Aufstellungsräume kennen und im Spiel entsprechend einnehmen. Das gemeinsame Handeln muss genauso geübt werden wie das Verhalten des einzelnen Spielers.

Übungsform zum Stellungsspiel: Von der angreifenden Mannschaft wird der Ball von Spieler zu Spieler gepasst. Die Verteidiger lassen anfangs die Pässe noch zu. Nach jedem Pass legt man eine kurze Pause ein, damit die Verteidiger die richtige Stellung einnehmen können.

Drei Beispiele für das Verschieben der Verteidigung entsprechend der Position des Ballbesitzers:

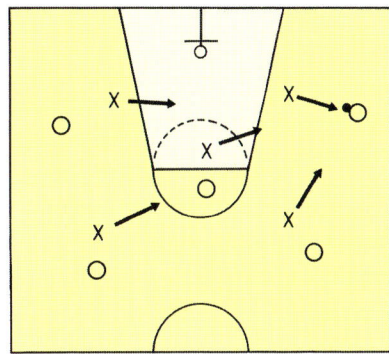

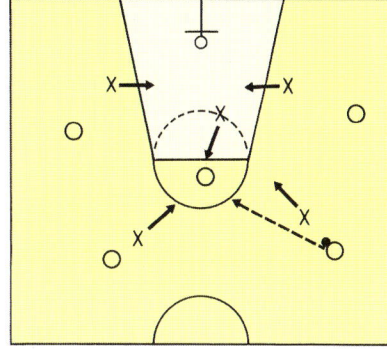

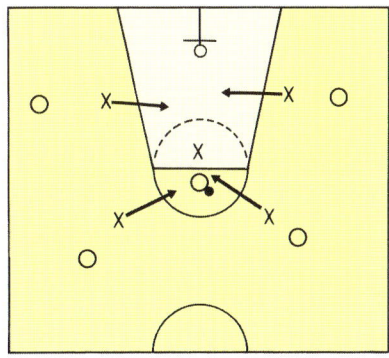

71

Wird dies beherrscht, folgen die Pässe ohne Pausen. Die Verteidiger verschieben sich spielgerecht. Jede Aufstellungsform der Zonen-Deckung hat Stärken und Schwächen. Daher wird die Wahl der Aufstellung von den Möglichkeiten des Gegners abhängen, eine ganz bestimmte Aufstellung zu bekämpfen.

Stärken der 2-1-2-Zone:
Gute Reboundposition (X_3, X_4 und X_5). Gute Ausgangsposition für schnelle Gegenangriffe bei Ballgewinn (X_1 und X_2).
Raum am Korb kompakt gesichert.

Schwächen der 2-1-2-Zone:
Verwundbar gegen gute Außenschützen. Schwach in den Ecken und im Bereich der verlängerten Freiwurflinie. Gegner bleibt beim Spielaufbau relativ unbehindert.

Die 3-2-Zone:

Würde eine Mannschaft bevorzugt über einen Postspieler an der Freiwurflinie und Außenspieler in der

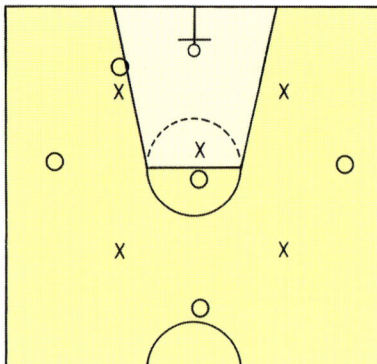

Verlängerung der Freiwurflinie angreifen, kann eine 3-2-Aufstellung der Verteidigung Abhilfe schaffen:

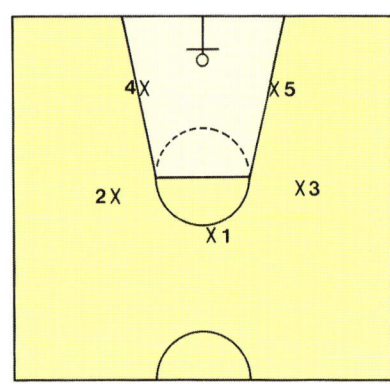

Durch diese Abwehrformation sind die gewohnten Aufstellungsräume der Angreifer gut abgedeckt. Die Verteidiger X_1, X_2 und X_3 sind fast in einer Reihe. Nur X_1 geht etwas nach vorn, wenn der Ball in der Mitte gespielt wird.

Stärken der 3-2-Zone:
Ruhe im Bereich der Freiwurflinie und deren Verlängerung. Gegnerischer Postspieler gut abgedeckt. Sehr gut gegen Außenschützen. Gut gegen Mannschaften, die eine relativ schlechte Ballbehandlung haben.
Gute Ausgangsposition für schnelle Gegenangriffe, wenn der Ball erkämpft wurde.

Schwächen der 3-2-Zone:
Große Probleme, wenn die vordere Reihe erst einmal überwunden ist. Verwundbar gegen Würfe aus den beiden Ecken.

Schlechtere Reboundposition als bei der 2-1-2-Zone:

Die 1-2-2-Zone:

Die bisher vorgestellten Aufstellungsformen der Zonenverteidigung sind vor allem auf die Absicherung des Raumes zwischen Freiwurflinie und Korb bedacht. Will man jedoch bereits den Spielaufbau empfindlich stören, muss die Verteidigung aggressiver arbeiten.

Eine Möglichkeit innerhalb der Raumdeckung ist die 1-2-2-Zone:

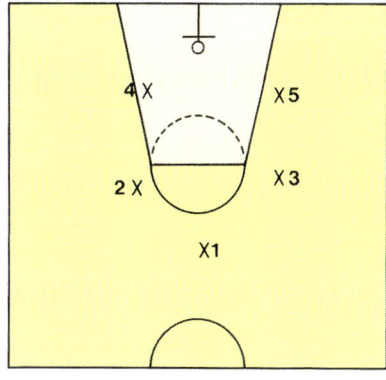

Sie wird im Folgenden auch noch unter einem anderen Aspekt dargestellt: Der Ballbesitzer soll an dafür geeigneten Stellen unter Druck gesetzt werden. Dies geschieht durch das **Doppeln.** Doppeln meint, dass zwei Verteidiger den Ballbesitzer so behindern, dass er möglichst einen Fehler macht, der zum Ballverlust führt. Die 1-2-2-Zone eignet sich gut

dafür, den Verteidigern die grundlegenden Prinzipien der Raum-Deckung zu vermitteln. Sie kann auch als Ausgangsformation für die **Zonenpress-Deckung** dienen, die bei höherem Leistungsniveau Anwendung findet.

Die folgenden drei Skizzen verdeutlichen die jeweilige Stellung der Verteidiger und ihre Deckungsaufgaben in verschiedenen Spielsituationen, immer abhängig vom Ballbesitzer:

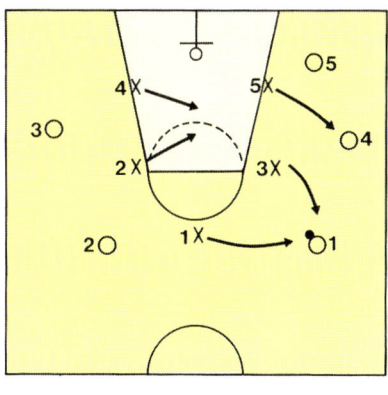

- X_1 schließt den Passweg von O_1 zu O_2 oder »doppelt« den Ballbesitzer zusammen mit X_3.
- X_2 verschiebt sich zwischen Ball und Korb.
- X_3 schließt den Passweg von O_1 zu O_4 oder »doppelt« zusammen mit X_1.
- X_4 schützt den Korb.
- X_5 versucht, einen Pass von O_1 zu O_4 zu erschweren oder abzufangen.

73

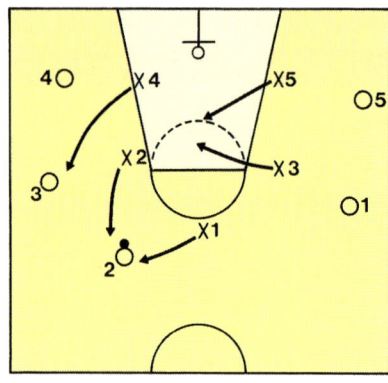

- X_1 »doppelt« den Ballbesitzer O_2 zusammen mit X_2.
- X_2 doppelt zusammen mit X_1 oder schließt den Passweg von O_2 zu O_3.
- X_3 zwischen Ball und Korb.
- X_4 erschwert oder verhindert einen Pass von O_2 zu O_3.
- X_5 schützt den Korb.

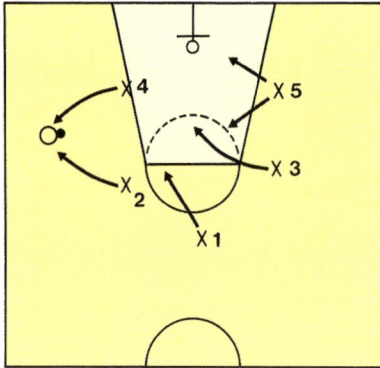

- X_1 zwischen Ball und Seite der Freiwurflinie.
- X_2 »doppelt« den Ballbesitzer zusammen mit X_4.
- X_4 »doppelt« zusammen mit X_2.
- X_3 versucht, zwischen Ball und Korb zu kommen.
- X_5 sichert gegen einen Pass quer durch die Zone.

Spiel gegen Mann-Mann-Verteidigung

Die Angreifer müssen – unabhängig von der Art der Verteidigung – folgende Spielregel beachten: Kein Angreifer darf sich (ob mit oder ohne Ball) länger als 3 Sekunden im 3-Sekunden-Raum (in der Skizze der trapezförmige Raum zwischen Endlinie und Freiwurflinie) aufhalten, solange seine Mannschaft im Ballbesitz ist.
Prallt ein Ball nach einem Wurfversuch ins Spielfeld zurück, beginnen die 3 Sekunden von neuem. Der Angriffsspieler soll versuchen, möglichst freistehend den Ball zu erhalten, damit er zum Wurf kommt oder Wurfgelegenheiten für einen Mitspieler vorbereiten kann. Hierzu hat er verschiedene Möglichkeiten:

Überlaufen des Verteidigers:

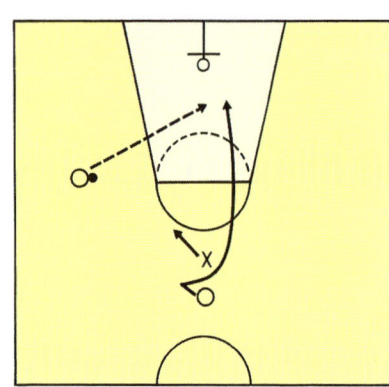

74

Der Angreifer täuscht eine Bewegung zum Ball hin vor und läuft dann schnell zum Korb, wo er angespielt werden kann.

Antäuschen mit Richtungswechsel:

häufig verwendet, damit der Ball bei einem Einwurf ins Spiel gebracht werden kann:

Schneiden zum Korb (»give and go«):

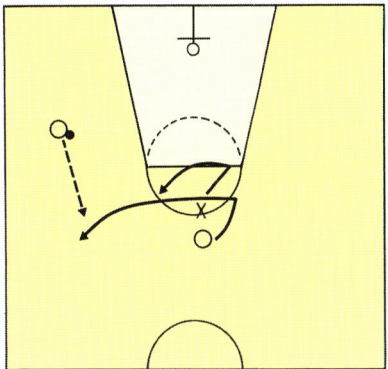

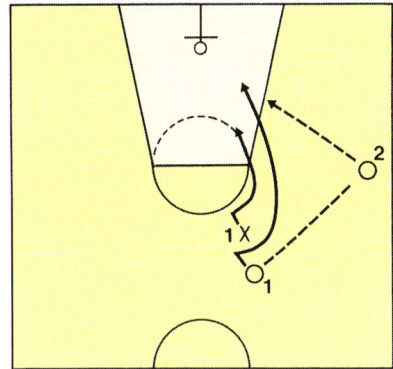

Der Angreifer läuft in Richtung Korb, der Verteidiger weicht zurück. Durch eine Richtungsänderung zum Ball kommt der Angreifer kurz frei, weil der Verteidiger nicht so schnell reagieren kann. Diese Form des Freilaufens wird auch

O_1 passt zu O_2, täuscht einen Lauf nach links an, startet dann aber überraschend nach rechts (er schneidet vor dem Verteidiger) zum Korb. O_2 passt zu O_1, der mit Korbleger abschließt.

Blocken

Gegen geübte Verteidiger reichen die genannten taktischen Mittel noch nicht aus, um häufig und auch wirkungsvoll frei an den Ball zu kommen.

Die Angreifer haben jedoch noch die Möglichkeit, mit **Blocks** zu arbeiten.

Das Blocken ist ein regelgerechtes Sperren eines Verteidigers, damit

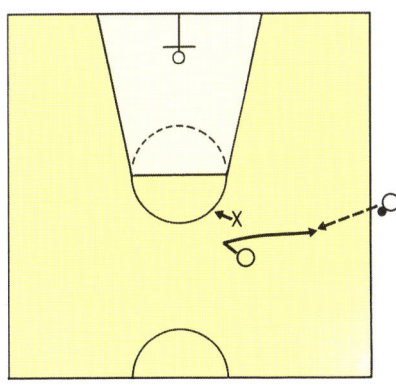

75

dieser daran gehindert wird, eine gewünschte Position einzunehmen; natürlich müssen dabei die Spielregeln beachtet werden.

Beispiel:

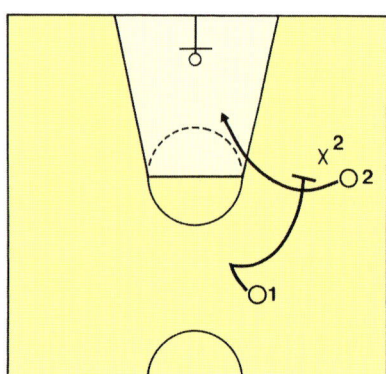

O_1 stellt sich X_2 so in den Weg, dass sich O_2 freilaufen kann. Wir unterscheiden verschiedene Arten des Blocks: **aktive** und **passive** Blocks, **direkte** und **indirekte** Blocks.

Beim **aktiven** Block geht die Aktion von dem Spieler aus, der den Block stellt.

Beim **passiven** Block geht die eigentliche Spielaktion nicht vom Blockenden aus. Er bietet vielmehr durch seine Stellung ein Hindernis, an dem ein Mitspieler seinen Verteidiger »abstreift«.

Beim **direkten** Block passt ein Angreifer zu einem Mitspieler und blockt diesen frei, damit dieser seinen Gegner umdribbeln kann.

Beim **indirekten** Block (auch Gegenblock genannt) blockt der Angreifer einen Mitspieler frei, der nicht im Ballbesitz ist.

Aktiver direkter Block:

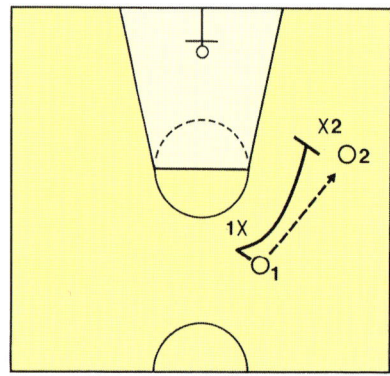

O_1 passt zu O_2 und stellt sich dessen Verteidiger in den Weg. Sobald dies geschehen ist, dribbelt O_2 nach innen. Sein Verteidiger bleibt am Block »hängen«.

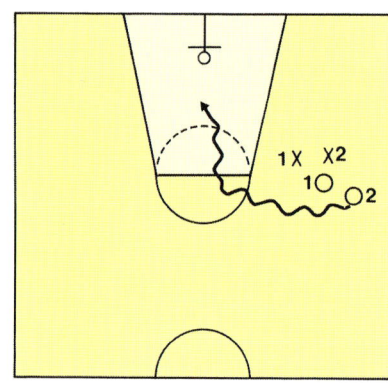

Aktiver indirekter Block:

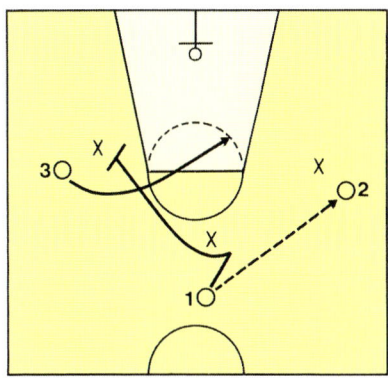

O_1 passt zu O_2, läuft dann zu O_3 und stellt sich dessen Verteidiger in den Weg, damit O_3 freikommt.

Wie wird ein **regelgerechter** Block **gestellt?**
Ein Angreifer läuft auf den Verteidiger des Mitspielers zu, den er freisperren will. Er stellt sich etwa 1 Meter vom Verteidiger auf (am besten in der Basketball-Grundstellung) und bleibt solange stehen, bis sein Mitspieler weggelaufen ist. Er soll nicht näher an den Verteidiger heran, da er sonst ein Foul begehen kann.

Wichtig: Das Regelwerk schreibt vor, dass der Verteidiger, der gesperrt werden soll, die Möglichkeit haben muss, einem Zusammenstoß auszuweichen oder abzustoppen. Der Spieler, der freigesperrt werden soll, läuft erst los, wenn sein Mitspieler, der den Block stellt, steht.

Sonst kann bei einem Zusammenstoß wieder auf Foul gegen den Spieler entschieden werden, der den Block stellt.
Das Blocken wird erfolgreicher, wenn der Spieler, der freigespielt werden soll, erst eine Täuschbewegung ausführt, bevor er sich in Richtung Block bewegt. Dadurch kann der Verteidiger dem Block nicht so leicht ausweichen.

Fehler – Fehlerkorrektur
Fehler des Blockstellers:
- Block zu eng am Verteidiger.
▶ Abstand ca. 1 Meter (sonst Foulgefahr).
- Bewegt sich zu früh, bevor die Spielaktion, die dem Block folgt, in Gang gekommen ist.
▶ Der Blocksteller darf den Verteidiger, der ausweichen will, nicht dadurch behindern, dass er sich bewegt (sonst Foul).
- Regelwidriges Sperren durch falsche Körperstellung.
▶ Basketball-Grundstellung. Sperren mit den Armen usw. ist verboten.

Fehler des Spielers, der freigesperrt werden soll:
- Läuft zu früh los.
▶ Erst loslaufen, wenn der Block steht. Sonst kann der Verteidiger zu leicht ausweichen oder läuft auf den Blocksteller auf. Dies ist ein Foul des Blockstellers, denn »Laufblocks« sind verboten.

- Keine Täuschbewegung vor dem Ausnutzen des Blocks.
▶ Den Verteidiger durch eine Täuschung weg vom Block ablenken.
- Zu weit am Block vorbei; der Verteidiger kann ohne Mühe folgen.
▶ Enger am Block vorbeilaufen.

Übungsformen zum Spiel gegen Mann-Mann-Verteidigung:

Schneiden zum Korb (ohne Verteidigung):

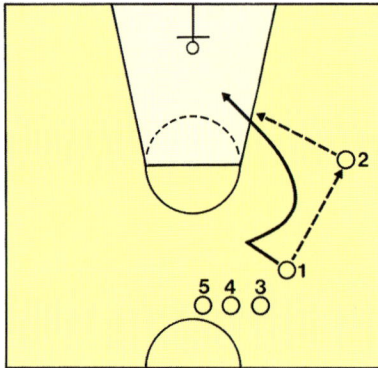

Diese Übung eignet sich auch gut zum Aufwärmen. (Zwei Bälle verwenden, damit effektiver geübt werden kann.)
Die gleiche Übung auf der linken Seite üben.

Schneiden zum Korb (mit Verteidigung):

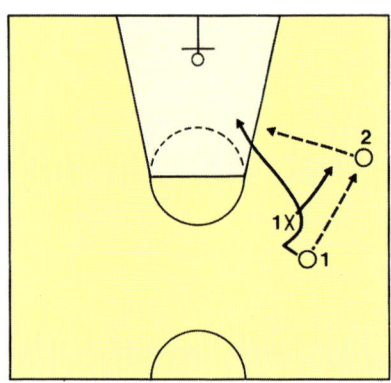

Aufstellung wie oben, jedoch jetzt mit einem Verteidiger. Vor der Übung wird erläutert, dass der Angreifer auch hinter dem Verteidiger zum Korb laufen kann, wenn dieser das Schneiden vor ihm nicht zulässt.

Freimachen, dann 1 gegen 1:

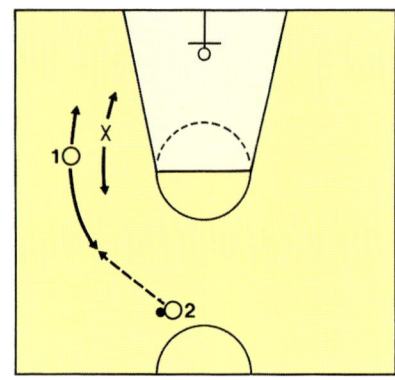

O_1 täuscht Richtung Korb und kommt dann dem Ball entgegen.

Nach dem Anspiel durch O_2 versucht O_1 gegen den Verteidiger 1 gegen 1 zu spielen, bis er entweder zum Korbleger oder zum Sprungwurf kommt.

79

»Hintertür«:

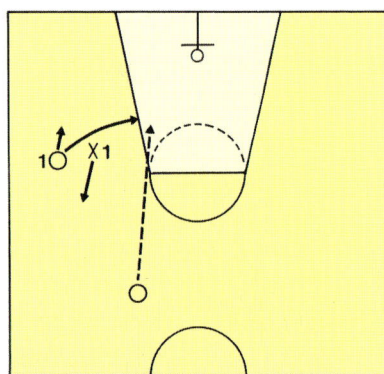

Geht X_1 nicht auf die Täuschung ein und verhindert so das Anspiel, nimmt O_1 die Hintertür und wird entweder mit Bodenpass oder Bogenpass angespielt:
Beide Formen auch auf der anderen Korbseite üben.

Block für einen Spieler ohne Ball:

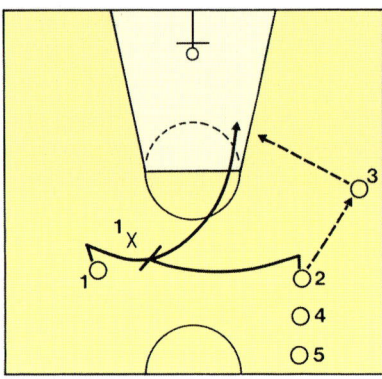

O_2 passt zu O_3 und stellt einen Block für O_1. O_1 holt nach dem

Korbwurf seinen Ball und schließt sich der Gruppe der Blocksteller an. O_3 bleibt, X_1 kehrt in die Verteidigungsposition zurück, O_2 wird der Spieler, der freigesperrt wird und O_4 beginnt die Übungsform von neuem.

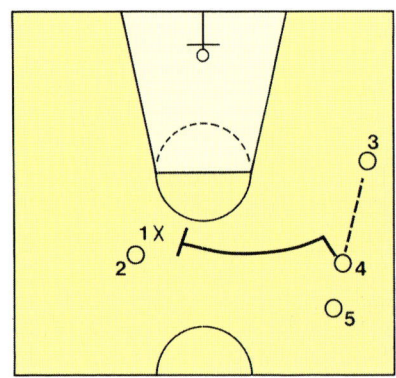

Block für einen Spieler mit Ball:

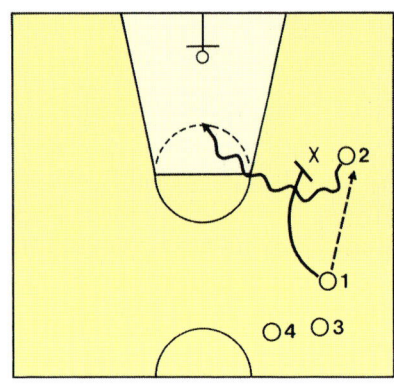

O_1 passt zu O_2 und stellt einen Block für ihn. O_2 zieht zum Korb durch, holt nach dem Wurf den Ball und schließt sich hinten an.

O_1 übernimmt die Aufgabe von O_2, X bleibt Verteidiger und O_3 setzt die Übungsform fort.

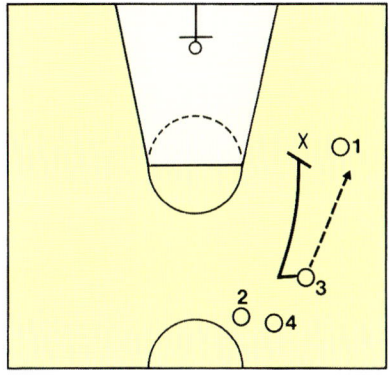

Beide Übungsformen auch auf der anderen Korbseite durchführen.

Abstreifen

Das Abstreifen ist eine Form des **passiven Blocks.** Dabei läuft ein Angriffsspieler (mit oder ohne Ball) so eng an einem Mitspieler (mit

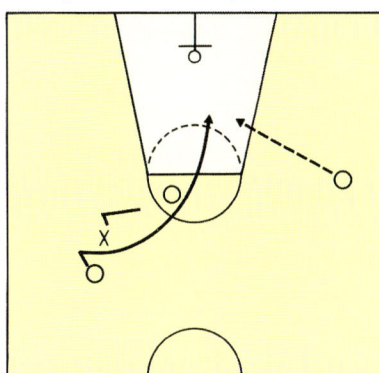

oder ohne Ball) vorbei, dass sein Verteidiger »abgestreift« wird, d. h. seinen Laufweg so verändern muss, dass der Angreifer einen kleinen Vorsprung erhält oder ganz freikommt.

Wichtig: Der Angreifer täuscht eine Bewegung weg vom Mitspieler vor, den er zum »Abstreifen« nutzen will. Er wechselt dann die Richtung und läuft eng am Mitspieler vorbei. Das Abstreifen wird vor allem in zwei Spielsituationen verwendet:

Ein Dribbler nutzt einen Mitspieler:

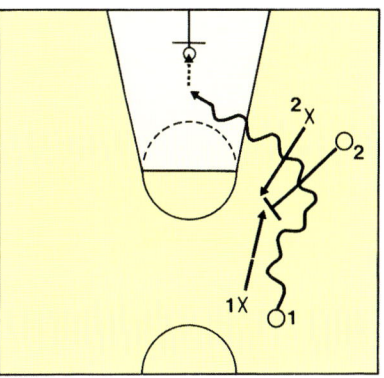

Der Spieler O_2 kommt ohne Ball im Rücken von X_1 ein paar Schritte auf O_1 zu und bleibt stehen. O_1 dribbelt so, dass er rechts an dem von O_2 gebildeten Block vorbei zum Korb ziehen kann.

Abstreifen am Ballbesitzer:

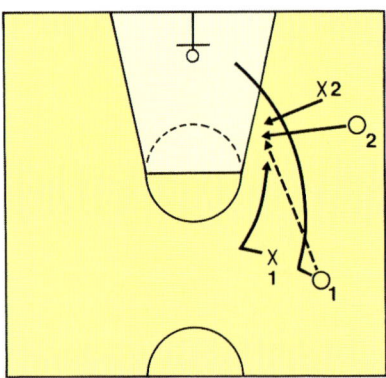

O_2 läuft zwei Schritte nach innen mit Rücken zum Korb. O_1 passt zu O_2 und täuscht ein Durchschneiden nach innen an, geht dann außen eng an O_2 vorbei und erhält von O_2 den Ball. Wird dies richtig ausgeführt, wird X_1 an O_2 hängen bleiben oder zumindest kurz aufgehalten.

Fehler – Fehlerkorrektur

- Täuschung fehlt oder ist nicht glaubhaft, so dass der Verteidiger ausweichen kann und nicht abstoppen muss.
- ▶ Erst antäuschen, dann Richtung ändern. Reagiert der Verteidiger nicht auf die Täuschung, wird die vorgetäuschte Richtung beibehalten, da man dann auch freikommt.

Wichtig: Der Mitspieler darf sich nicht zu früh bewegen, da er sonst das Abstreifen erschwert oder ein Foul begeht.

Kreuzen

Eine weitere Form des Abstreifens ist das Kreuzen.

Beispiel: Kreuzen über Post:

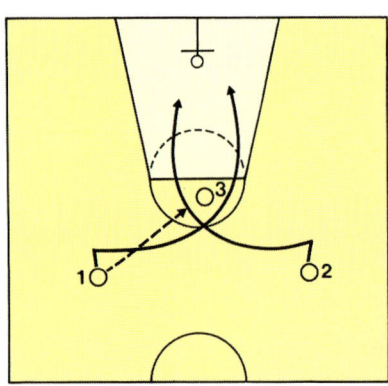

O_1 und O_2 laufen fast gleichzeitig (O_1 hat gepasst, daher beginnt er) am Post O_3 so vorbei, dass sich ihr Weg »kreuzt«. Ihr Ziel ist es, dass sich ihre Verteidiger gegenseitig behindern. Laufen sie dazu noch recht eng am Post vorbei, kommt es zu einer zusätzlichen Behinderung für die Verteidiger.

> *Merke:*
> Richtiges Timing ist wichtiger als schnelles Laufen. Alle beschriebenen taktischen Möglichkeiten können je nach Situation im Spiel 5 gegen 5 verwendet werden.

Beispiel eines Angriffs mit Block und Abstreifen:

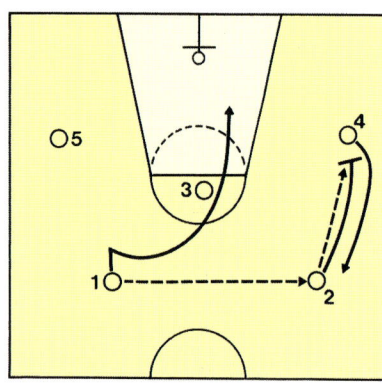

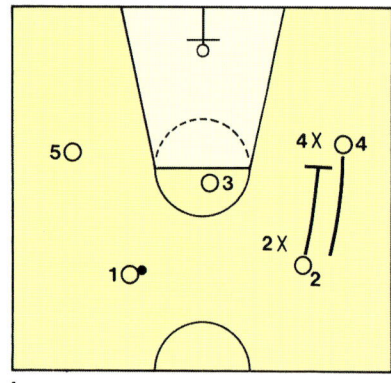

1

Die zeitliche Abfolge dieses Spielzuges in drei Phasen:

1
Zur Eröffnung läuft O_2 zu O_4 und sperrt dessen Verteidiger. O_4 kommt auf den freien Platz von O_2. Diese Aktion erleichtert den Pass von O_1 zur anderen Seite.

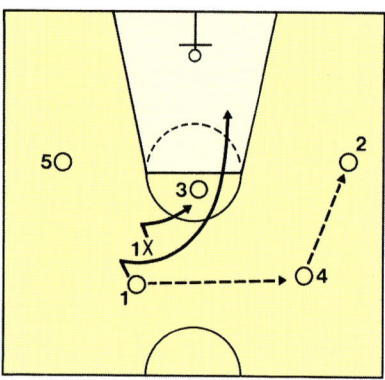

2

2
O_1 passt zu O_4 und läuft dann eng an O_3 vorbei, streift dort seinen Verteidiger ab. Inzwischen passt O_4 zu O_2.

3
O_2 passt zum durchlaufenden O_1. O_5, der nicht direkt an dieser Spielsituation beteiligt ist, sichert mit O_4 den Rückraum gegen einen Schnellangriff bei Ballverlust.

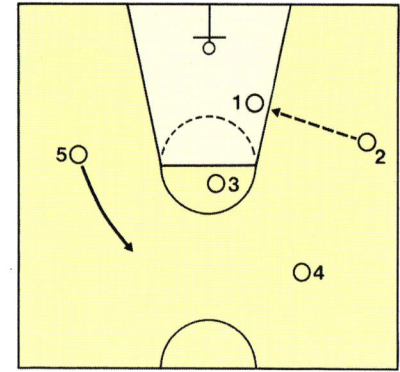

3

Übungsformen zum Abstreifen und Kreuzen:

Abstreifen (ohne Verteidiger):

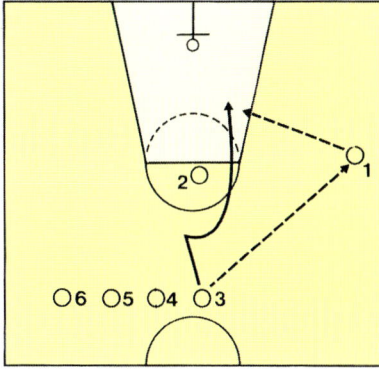

O_1 und O_2 bleiben auf ihren Positionen. Die anderen Spieler üben nacheinander das Abstreifen. Wenn der Laufweg klar ist, kommt ein Verteidiger hinzu:

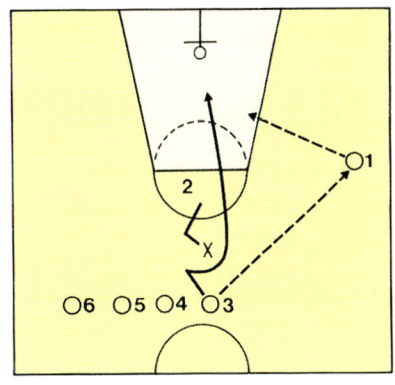

Verhindert der Verteidiger X durch sein Stellungsspiel das Abstreifen,

kann O_3 auch links vom Post durchlaufen. Dann erfolgt ein Bogenpass von O_1 zu O_3.

Abstreifen am Ballbesitzer:

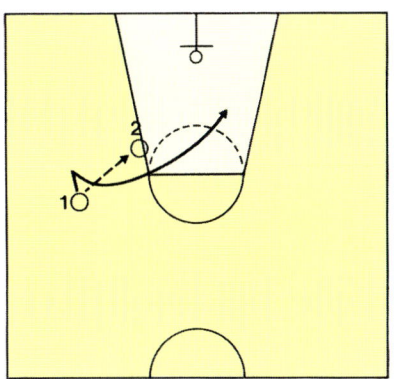

O_1 passt zu O_2, läuft eng an ihm vorbei, erhält beim Vorbeilaufen den Ball zurück und wirft einen Korbleger oder stoppt ab zum Sprungwurf.
Wird dies beherrscht, kommt ein Verteidiger zu O_1 hinzu. O_1 darf nach dem Anspiel zu O_2 links oder rechts an ihm vorbei.
Beide Übungsformen auch auf der anderen Korbseite durchführen.

Kreuzen über Post:
Zwei Angreifer kreuzen zunächst ohne Verteidiger über Post. Wer den Ball zum Post gepasst hat, läuft zuerst, der andere Spieler folgt kurze Zeit später nach.

Wichtig: Es soll zu einer engen Kreuzsituation kommen.

85

Wird der Laufweg ohne Verteidigung beherrscht, kommen zwei Verteidiger hinzu. Jetzt wird die Kreuzbewegung von der Seite durchgeführt:

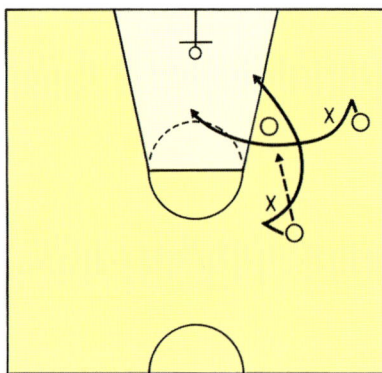

Dribbeln mit Abstreifen:

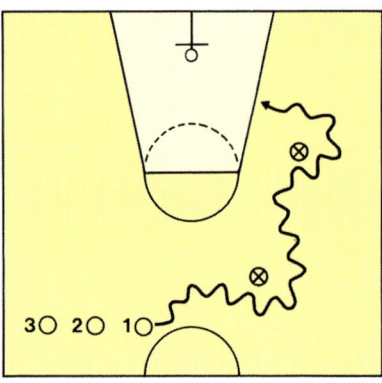

Wir stellen zwei Stühle, Fahnen oder Mitspieler als »passiven« Block auf. O_1 dribbelt mit entsprechenden Richtungswechseln an diesen »Blocks« vorbei und wirft einen Korbleger. Beide Übungsformen auch auf der anderen Korbseite durchführen.

Angriff gegen die Zonen-Verteidigung

Die angreifende Mannschaft versucht, die Schwächen der von der Verteidigung gewählten Aufstellungsform auszunutzen.

Eine Möglichkeit: Die Angreifer stellen sich anders auf als die Verteidiger. Gegen eine 2-1-2-Zone also **keine** 2-1-2-Angriffsstellung, sondern eine 1-3-1-Aufstellung:

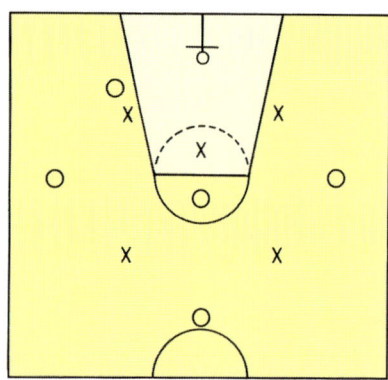

Durch eine solche Aufstellung stehen einige Angreifer bereits in der Lücke zwischen zwei Verteidigern. Dies erschwert den Deckungsspielern bei schneller Passfolge die Entscheidung, wer nun angreifen soll. Ein Verteidiger verlässt sich oft auf den Mitspieler.
Eine andere Möglichkeit: Die Angreifer schaffen durch entsprechende Positionswechsel und Laufwege ein zahlenmäßiges Übergewicht an einer Stelle, von der sie werfen können.

Hier dribbelt O_1 in die Lücke zwischen die Verteidiger X_1 und X_2. Greift zum Beispiel X_2 an, wird O_2 frei. Wird O_1 nicht angegriffen, stoppt er an der Freiwurflinie ab und wirft einen Sprungwurf.

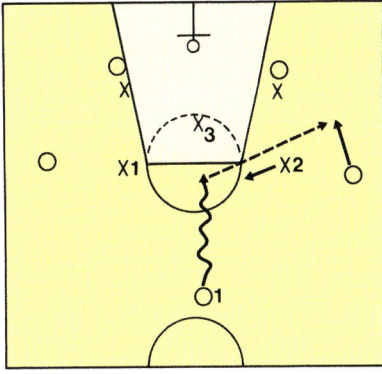

Fehler – Fehlerkorrektur

- Planloses Passen um die Zone oder Dribbeln vor der Zone.
▶ Antäuschen von Würfen, damit sich die Deckung tatsächlich verschieben muss. Dadurch entstehen Lücken, die genutzt werden können.
- Pässe quer durch oder über die Zone (z. B. von einer Ecke in die andere).
▶ Kürzere Passwege. Antäuschen vor dem Pass, damit die Verteidiger oft reagieren müssen.

Beispiel eines Angriffs gegen die 2-1-2-Zone:

Der dargestellte Angriff ist so angelegt, dass er die Schwächen dieser Zone ausnutzt.

Skizze a) Ausgangsstellung (die Probleme der Verteidiger werden dann in Skizze d) verdeutlicht):

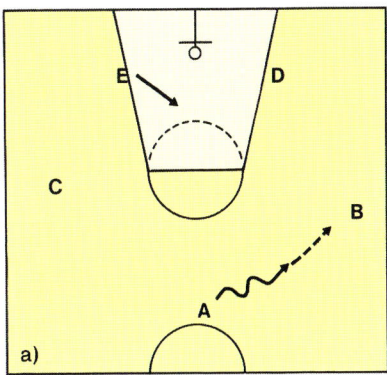

a)

Spieler A dribbelt zu einer Seite (hier nach rechts), um den Mitspielern die Richtung des Angriffs anzuzeigen. Nach ein bis zwei Dribblings passt A zu B. E startet zur Ecke der Freiwurflinie der Angriffsseite.

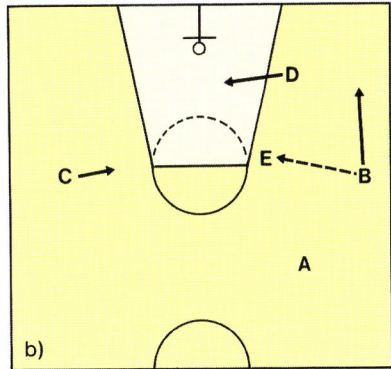

b)

Spieler B spielt zu E. Erfolgt dieser Pass, wechselt D zur anderen Seite. B läuft in die Ecke. E dreht sich in Richtung Korb.

87

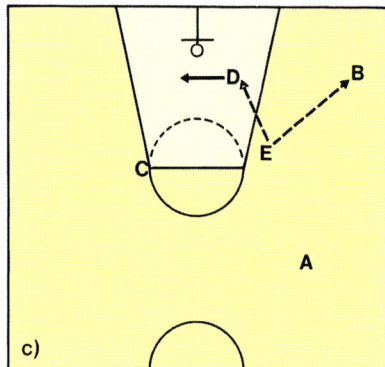

c)

greifen. Dadurch wird der Spieler B frei. X_5 wird durch D gebunden, X_2 muss B schnell angreifen.
Reaktion auf Situation in Skizze b):
Spieler E bindet X_3. Wenn D die Seite wechselt, folgt X_5 ein kurzes Stück, da D sonst unter dem Korb frei ist. Dadurch wird B in der Ecke frei. Oder X_5 lässt D unbeachtet laufen, dann wird D frei. Zieht sich die gesamte Deckung massiv zurück, kommen A und C völlig frei.

Der Spieler E hat die Möglichkeit, zu D oder B zu passen oder selbst zu werfen. Ist all dies nicht möglich, wird A angespielt, der zu C passen kann. Gelingt der Pass zu D oder B, haben diese Angreifer gute Wurfmöglichkeiten. **Warum** ist dieser Spielzug **erfolgversprechend?** – Weil sich die Verteidiger aus ihrer eingenommenen Grundstellung folgendermaßen verschieben müssen:
Reaktion auf Situation in Skizze a):
A dribbelt nach rechts, X_2 muss an-

Wichtig: Die Angreifer sollen in der Lage sein, einen Spielzug zu variieren, wenn sich die Verteidiger anders verhalten als vorausgesehen. Wesentlich ist dabei, dass die Angreifer ihre Variation aus der gleichen Grundaufstellung spielen können. Lässt z. B. X_3 das Anspiel an E nicht zu, kommt folgende Alternative zur Anwendung:
Erkennt D, dass E nicht angespielt werden kann, läuft er **nicht** zur anderen Seite, sondern in die Angriffs-

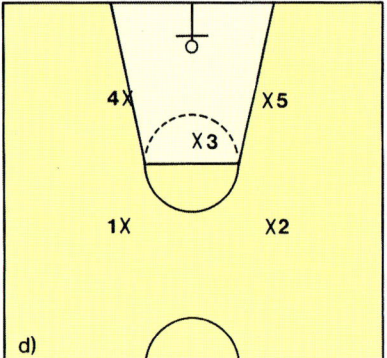

d)

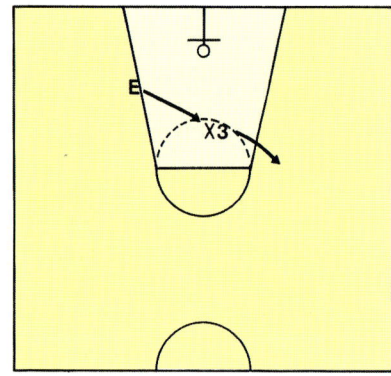

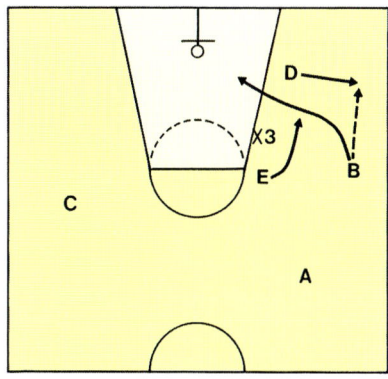

ecke, erhält einen Pass von B und dreht sich zum Korb. B schneidet zum Korb, E folgt nach, wenn B durchgelaufen ist. D kann nun selbst werfen bzw. B oder E anspielen. Der Spielzug kann auch auf der anderen Korbseite gespielt werden. Dann würde A zur linken Seite dribbeln und D würde zum Anspiel auf die Ecke der Freiwurflinie kommen.

Es gibt unzählige Spielzüge gegen die Zonen-Verteidigungen. Alle folgen sie aber mehr oder weniger folgenden Prinzipien:

- Überlagern (zahlenmäßiges Übergewicht an bestimmten Stellen).
- Eindringen in die Zone, auch ohne Ball (Deckung muss sich verschieben).
- Anspiel des Postspielers (hat der Post den Ball und kann sich zum Korb drehen, ist höchste Gefahr für die Verteidigung gegeben. Der Post kann entweder selbst werfen oder die Außenspieler in guter Position anspielen, wenn

die Deckung auf Korbsicherung ausgeht).

- Gute Außenschützen an den Schwachpunkten der jeweiligen Zone postieren (dies kann auch durch entsprechende Laufwege geschehen).

Bei den **Übungsformen** zum Angriff gegen die Zonen-Verteidigung ist zu beachten, dass sie Ausschnitte des entsprechenden Spielzuges darstellen sollen. Die folgenden Übungsformen sind also Teilausschnitte des vorgestellten Spielzuges. Sollen andere Spielzüge Anwendung finden, sind auch diese in ihre entsprechenden Teilschritte aufzulösen und zu üben. Dabei soll zunächst ohne Verteidigung geübt werden. Die wichtigsten Teilelemente:

Wurf aus der Ecke:

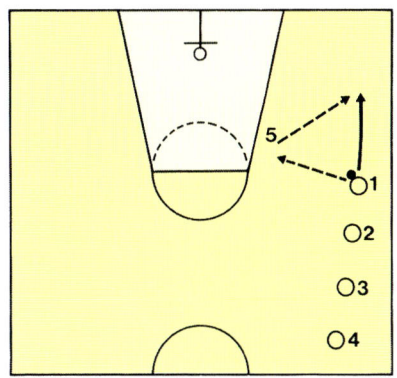

O_1 spielt O_5 an, läuft in die Ecke, erhält den Ball zurück und wirft. Dann folgt O_2 usw.

<u>Anspiel zur Freiwurflinie-Rückpass-Wurf:</u>

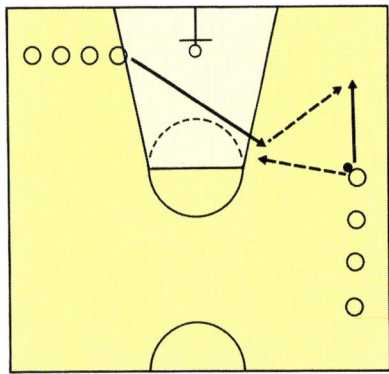

<u>Pass zum nachfolgenden Center und Wurf:</u>

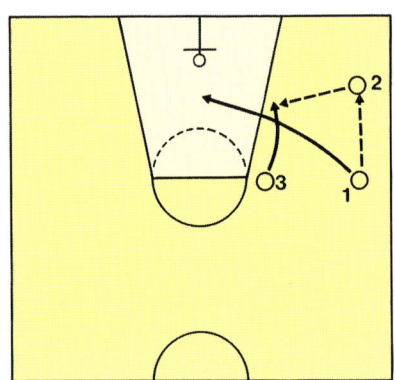

Der Center läuft von der Grundlinie zur gegenüberliegenden Freiwurflinie und geht nach seinem Pass zur Ecke wieder zu seiner Ausgangsposition zurück. Der Werfer holt seinen Ball und schließt sich an die Reihe der Werfer an.
Wir üben auch die Variation:

<u>Schneiden zum Korb-Anspiel-Korbleger:</u>

Alle Übungsformen auch auf der anderen Seite durchführen. Werden die Lauf- und Passwege beherrscht, kommt die Verteidigung hinzu. Der Trainer achtet darauf, dass die Verteidigung sich zunächst noch so verschiebt, wie es der 2-1-2-Zone entspricht. Allmählich dürfen dann die Verteidiger so reagieren, wie sie es in jeder Situation für angemessen halten.

Schnellangriff

Der Schnellangriff ist eine Angriffs-
möglichkeit gegen die Raum-
Deckung **und** die Mann-Mann-Verteidigung.
Ziel ist es, eine Wurfgelegenheit
möglichst nahe am Korb herauszuspielen, noch bevor sich die gegnerische Abwehr organisiert hat. Vor
allem eine Mannschaft, die eine
Zonen-Deckung spielt, ist durch
Schnellangriff verwundbar, weil
einige Spieler daran gewöhnt sind,
nur in »ihren« Deckungsraum zu-
rückzukommen, eine Zonen-Deckung aber nur als geschlossener
Verband wirklich funktioniert. Beim
Schnellangriff werden Überzahl-
situationen angestrebt (2 gegen 1;
3 gegen 2), jedoch ist auch ein
Spiel 3 gegen 3 noch günstig, da
den Angreifern mehr Raum zur Verfügung steht als beim Positionsangriff 5 gegen 5. Müssen zudem die
Angreifer damit rechnen, dass bei
Ballverlust sofort ein Schnellangriff
droht, sind sie in ihren Angriffsmöglichkeiten eingeschränkt. Sie müssen ständig auf Sicherung ihres
Rückraumes bedacht sein. Der
Schnellangriff zerfällt in drei Phasen: **Ballsicherung** (Rebound oder
Ballgewinn), **Vorbringen** des Balles
und **Abschluss.** Über das Vorbringen des Balles und den Abschluss
des Angriffs gibt es unterschiedliche
Meinungen. Hier wird die Auffas-
sung des Verfassers dargestellt.
Nach der Ballsicherung wird sofort

der Angriff eingeleitet. Die Mitspieler lösen sich von ihren Gegenspielern, damit sie angespielt werden
können. Der erste Pass nach dem
Rebound geht zur Seite. Als Auf-
stellungsraum der neuen Angreifer
für den ersten Pass eignet sich der
Raum in der Verlängerung der
Freiwurflinie:

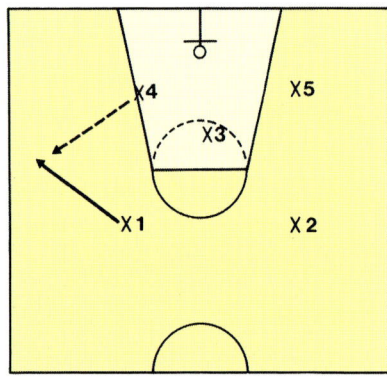

Im oben gezeigten Fall erhält X_4
den Rebound; X_1 bietet sich an der
Seite an und wird angespielt. Hätte
X_5 den Rebound erhalten, würde
sich X_2 auf seiner Seite zum Pass
anbieten.

Vorbringen des Balles

Hat X_1 den Pass erhalten, läuft X_2 nach vorn in die Mitte und wird von X_1 angespielt. X_5 läuft auf der noch freien Seite als dritter Spieler den Schnellangriff mit. Der Ball wird von X_2 zuerst durch die Mitte nach vorn gebracht.

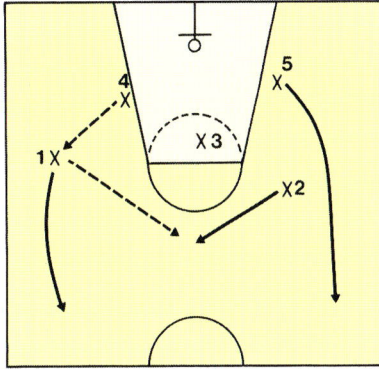

Der Abschluss des Schnellangriffs richtet sich nach dem Verhalten der Verteidiger.
Ist es der angreifenden Mannschaft gelungen, ein Überzahlverhältnis (3 Angreifer gegen 2 Verteidiger) zu erreichen, werden die Verteidiger nebeneinander oder hintereinander postiert sein. Von dieser Stellung hängt der Abschluss des Angriffs ab.

Verteidiger stehen **nebeneinander:**
O_2 (identisch mit X_2 bevor seine Mannschaft in Ballbesitz kam) dribbelt, bis er angegriffen wird. Greift X_1 an, kommt O_1 (vor Ballbesitz X_1) frei und wirft. Greift X_2 an, kommt

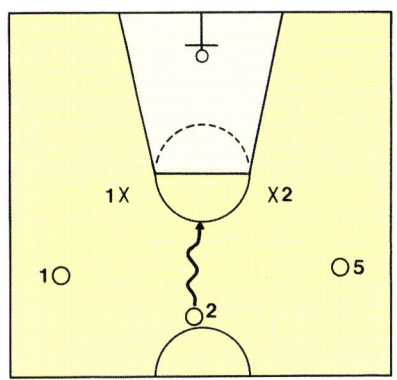

O_5 frei. Weichen beide Verteidiger zum Korb zurück, ohne O_2 anzugreifen, stoppt O_2 an der Freiwurflinie ab und wirft.

Verteidiger stehen **hintereinander:**

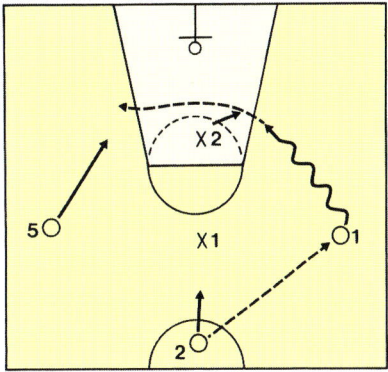

O_2 passt nach Überschreiten der Mittellinie zu O_1 oder O_5 (hier zu O_1). Der Seitenspieler dribbelt zum Korb. Wird er angegriffen (hier von X_2), passt er zum freien Spieler (hier O_5).

93

Wichtig: Da der Schnellangriff aus der Mann-Deckung **und** der Raum-Deckung gespielt werden soll, laufen nach der Ballsicherung die beiden Spieler in die Aufstellungs-räume, die gerade dem gegne-rischen Korb am nächsten sind.

Fehler – Fehlerkorrektur

- Angreifer laufen durcheinander.
- ▶ Position halten. Beide Seiten und die Mitte jeweils mit einem An-greifer besetzen.
- Überhastete Aktionen.
- ▶ Sichere Pässe. Richtiges Timing

und Zusammenwirken der Angreifer ist wichtiger als kopfloses Tempospiel.

Wie bei allen Angriffsmaßnahmen gilt auch für den Schnellangriff die Devise, dass er nicht in einem zu fest gefügten Schema erstarren darf. Dies würde nämlich die Aufgabe der Verteidigung erleichtern. Hat zum Beispiel der Spieler, der den ersten Pass erhielt, freien Raum nach vorn, so kann er selbst mit dem Ball zur Mitte laufen. Die beiden anderen am Schnellangriff beteiligten Angreifer müssen dann versuchen, die freien Seitenspuren zu besetzen.

Übungsformen

In keiner Übungs- oder Trainingsstunde sollten Schnellangriffsübungen fehlen. Mit solchen Übungsformen können die wesentlichen technischen Elemente – Rebound, Passen, Fangen, Dribbeln, Wurf – spielnah geübt und erheblich verbessert werden. Bestimmte Schnellangriffsübungen können auch sehr gut zur Erarbeitung der speziellen Kondition herangezogen werden.

<u>Übung zum Vorbringen des Balles:</u>
Ein Spieler mit Ball steht hinter der Endlinie. Auf sein Zeichen laufen O_1 und O_2 in ihre Aufstellungsräume. In dem hier gewählten Bei-

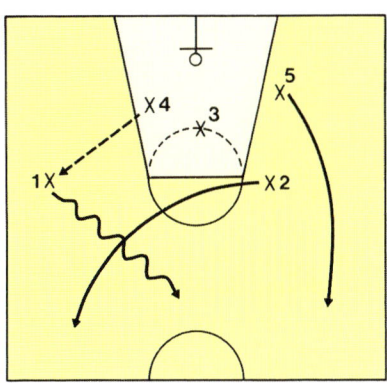 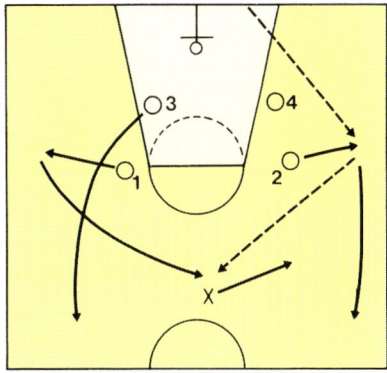

Es kann sich auch noch ein vierter Angreifer (meist einer der Hinterspieler, der den Rebound nicht bekam) in den Schnellangriff einschalten. Er läuft dann hinter den drei Angreifern zwischen einer der besetzten Spuren nach vorn.

spiel erhält der Spieler O_2 den Ball. Entsprechend bietet sich O_1 zur Mitte an und wird angespielt. O_3 läuft in die freie Spur. X orientiert sich zum Ball und weicht dann zurück. Die drei Angreifer (hier ohne O_4) spielen dann 3 gegen 1 auf den entfernteren Korb.

Übung für den Abschluss des Angriffs:

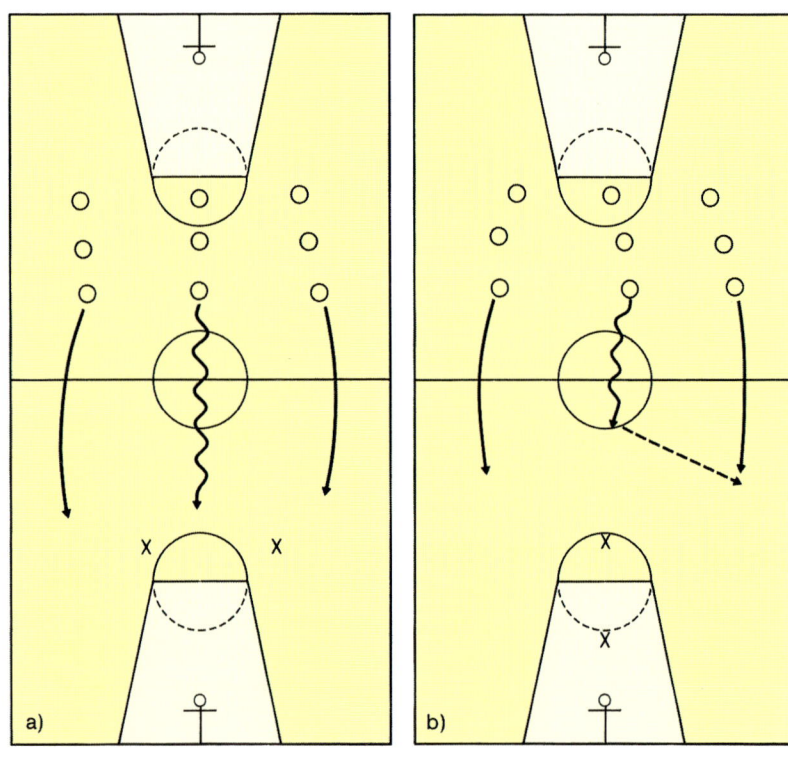

a) Dreiergruppe greift an. Die Verteidiger stehen nebeneinander.

b) Dreiergruppe greift an. Die Verteidiger stehen hintereinander. Die Verteidiger werden nach ein paar Versuchen der Angreifer ausgetauscht.

3 gegen 2 nonstop:

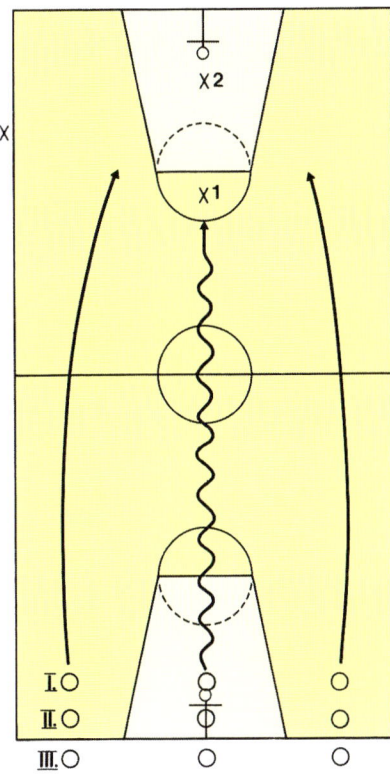

Die Belastung der einzelnen Spieler ist am höchsten, wenn nur 9 Spieler beteiligt sind (kurze Pausen) und geringer bei 15 Spielern. Ausführung: Die drei Spieler der Gruppe I greifen gegen X_1 und X_2 an. Nach Abschluss des Angriffs (entweder erfolgreicher Korbwurf oder gelungene Abwehraktion) greifen die jetzt in Ballbesitz gekommenen Verteidiger X_1 und X_2 zusammen mit X_3, der bisher passiv an der Seite stand, in Richtung des anderen Korbes an. Dabei sollen sie die beiden Seitenspuren und die Mittelspur besetzen.

Am anderen Korb hat inzwischen die Gruppe II Verteidigungsaufstellung genommen. Der dritte Spieler der Gruppe stellt sich nach dem Muster von X_3 auf. Während dieser zweite Angriffsversuch unternommen wird, stellt sich die Gruppe I am anderen Korb wieder in der geschilderten Form als Verteidigung auf. Dadurch ergibt sich eine kontinuierliche Übungsform 3 gegen 2.

Dies ist eine sehr gute und spielnahe Übung. Benötigt werden 9, 12 oder 15 Spieler.

Wichtig: An jedem Korb muss immer eine Verteidigung bereitstehen, damit die Übung nicht unterbrochen werden muss.

Taktik

Verteidigung gegen den Schnellangriff

Wie kann man die Chancen einer Mannschaft **verringern,** die häufig Schnellangriffe spielt?

1. Offensiv-Rebound
Nach dem Wurfversuch mit ein oder zwei Spielern zum Rebound.

Merke:
Muss die gegnerische Mannschaft erst um den Rebound kämpfen, wird ihre Möglichkeit eingeschränkt, den Schnellangriff sofort einzuleiten.

---

2. Abschirmen des Gegenspielers,
der den Rebound erhalten hat.
Ist der Ballbesitzer bedrängt, hat er es schwerer, den freien Mann zu sehen und anzuspielen.

3. Passweg zu den Aufstellungsräumen, die der Gegner für den ersten Pass nutzt, **unterbinden** oder erschweren.
Diese Aufgabe fällt im Allgemeinen den Aufbauspielern zu. Wenn es der Verteidigung nur ein paar Mal gelingt, den ersten Pass herauszufangen, wird der Gegner auf Schnellangriffe verzichten.

4. Pass zur Spielfeldmitte erschweren oder verhindern, wenn der erste Pass dennoch erfolgt ist.
Die meisten Mannschaften spielen den Schnellangriff durch die Mitte (an der Seitenlinie oft zu gefährlich, weil die Auslinie sehr nah ist und die Möglichkeiten des Ballbesitzers dadurch eingeschränkt sind).

5. Dribbler nicht durch die Mitte
lassen, sondern versuchen, ihn zur Seite abzudrängen.

6. Bei Unterzahl versuchen, den Gegner durch geschicktes Angreifen und wieder Zurückweichen **aufzuhalten,** bis die anderen Verteidiger aufgeholt haben.

7. Mitte sichern
Zurücklaufende Verteidiger sollen zuerst die Mitte sichern und ihre eigentliche Verteidigungsaufgabe erst übernehmen, wenn der Schnellangriff gestoppt wurde.

8. Korb sichern beim Abschluss des Angriffs.
Ist die Verteidigung in Korbnähe immer noch in Unterzahl, sollte sie einen Wurf aus der Halbdistanz eher zulassen als einen Korbleger.

Übungsformen zur Abwehr des Schnellangriffs:

1 gegen 2 (Unterzahl):

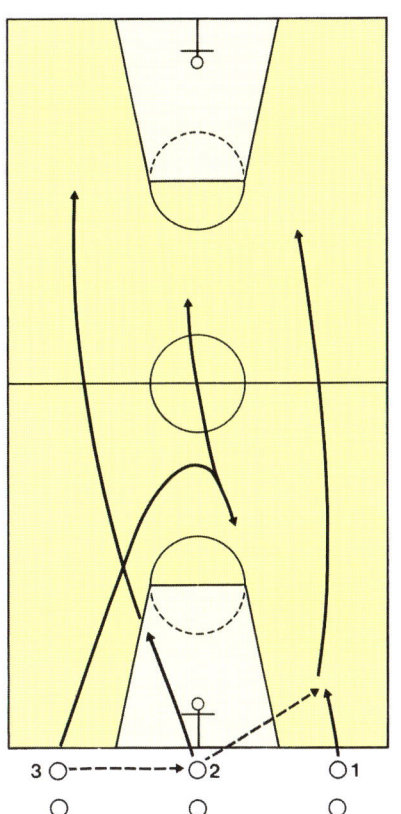

Der Ballbesitzer O$_3$ passt zu O$_2$ und übernimmt dann die Rolle eines Verteidigers. O$_1$ und O$_2$ greifen gegen X$_3$ an. Nach jedem Angriff tauschen O$_1$, O$_2$ und O$_3$ die Plätze und Aufgaben.

Abdrängen des Dribblers:

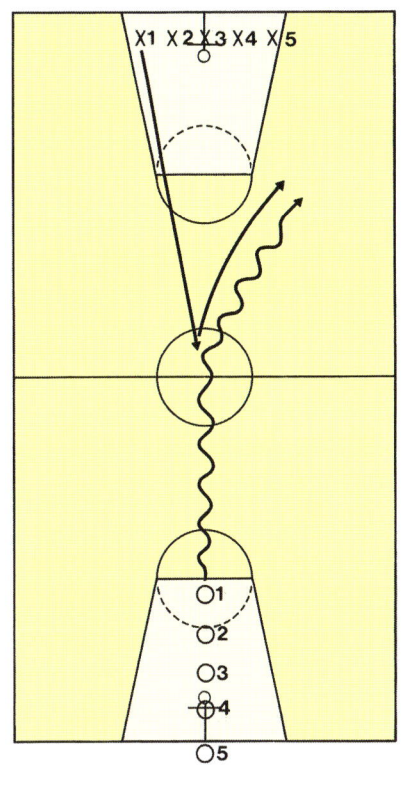

Die Spieler stellen sich in zwei Gruppen an beiden Körben auf. Der erste Angreifer dribbelt auf den anderen Korb zu und wird vom ersten Verteidiger angegriffen, wenn er in Höhe der Mittellinie ist. Der Verteidiger versucht, den Dribbler zu stoppen oder abzudrängen.

99

1 gegen 2 (Unterzahl):

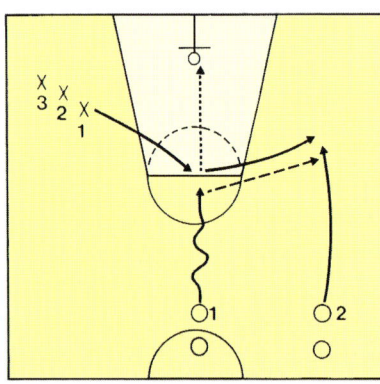

Spieler O_1 dribbelt zum Korb; O_2 läuft ohne Ball zum Korb. X_1 stoppt den Dribbler und wechselt anschließend sofort zu O_2, um einen Pass von O_1 zu O_2 zu erschweren. O_1 muss von der Freiwurflinie werfen, wenn der Pass nicht gelingt. Ist der Pass aber doch erfolgt, verteidigt X_1 gegen O_2 und versucht, einen Korbleger zu verhindern.

2 gegen 3 (Unterzahl):

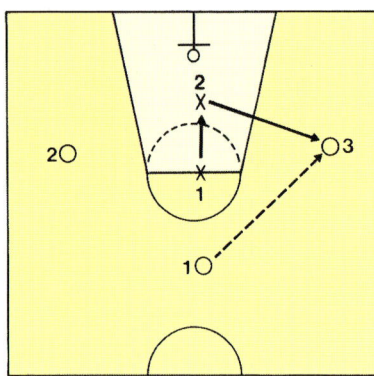

Die Verteidiger sollen lernen, den Abschluss eines Schnellangriffs zu erschweren oder solange aufzuhalten, bis ein zusätzlicher Verteidiger zurückgeeilt ist.
Spieler O_1 passt zur Seite; der hintere Verteidiger (hier X_2) greift an. Der vordere Verteidiger (X_1) übernimmt sofort die Position von X_2. Die drei Angreifer passen sich nun fortwährend den Ball zu. Die Verteidiger haben die Aufgabe, sich so zu verschieben, dass der Korb immer gesichert ist: greift der hintere Verteidiger die Seite an, rückt der vordere Spieler sofort zum Korb usw. Beide Verteidiger sollen ständig Blickverbindung mit dem Ball haben.

Verhalten einzelner Verteidiger bei der Mann-Mann-Verteidigung

Da die meisten Angriffsaktionen gegen Mann-Mann-Verteidigung in Spieleinheiten 2 gegen 2 und 3 gegen 3 erfolgen, müssen die Verteidiger versuchen, die Wirksamkeit des Angriffsverhaltens herabzumindern.
Je nach Könnensstand werden die Angreifer gegen die Mann-Mann-Verteidigung taktische Elemente wie **Schneiden** zum Korb (»give and go« vgl. S. 75), **Abstreifen** (vgl. S. 81) und verschiedene Arten des Blocks (vgl. S. 75) verwenden. Die

Abwehrspieler sollen nun durch ihr Verhalten versuchen, diese Angriffsmöglichkeiten zu erschweren oder zu verhindern.

Abwehr gegen Schneiden zum Korb:

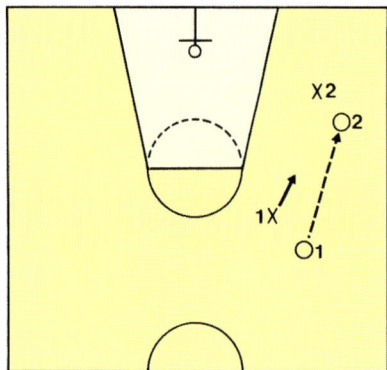

Hat Spieler O_1 zu O_2 gepasst, weicht X_1 sofort ein Stück in Richtung des Passes zurück. Dadurch wird ein Schneiden von O_1 zum Ball sehr erschwert, da O_1 keine Position zwischen den beiden Verteidigern erringen kann. Schneidet

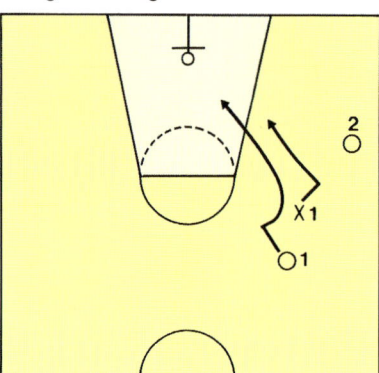

O_1 hinter X_1 zum Korb, so ist X_1 zwischen O_1 und Ball und kann einen Rückpass von O_2 zu O_1 erschweren.

Abwehr gegen Kreuzen über einen Post-Spieler:

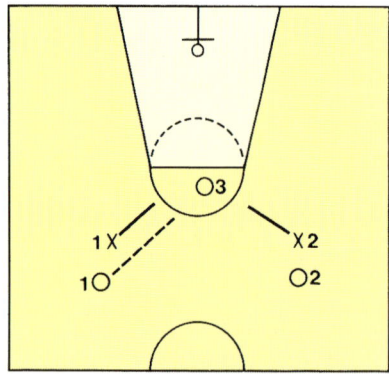

Hat O_1 zu O_3 gepasst, weichen X_1 und X_2 in Richtung O_3 zurück und gehen etwas zusammen. Damit bleibt den Angreifern meist nur ein Kreuzen vor (nicht aber zwischen) den Verteidigern.

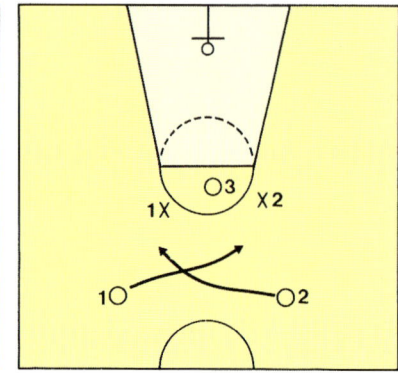

X_1 und X_2 können nun ihre Gegenspieler leicht übergeben. X_1 übernimmt O_2. Die Verteidiger dürfen
jedoch nicht zu weit zurücksinken,
um nicht Gefahr zu laufen, vom Post
abgeblockt zu werden. Auch müssen sie damit rechnen, dass O_1 und
O_2 das Kreuzen nur antäuschen. In
diesem Fall übergeben X_1 und X_2
nicht, sondern gehen mit ihrem ur-
sprünglichen Gegenspieler mit.

Abwehr gegen Abstreifen:

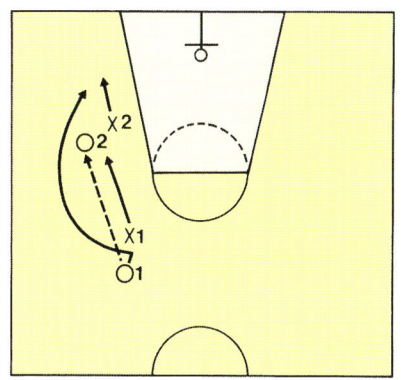

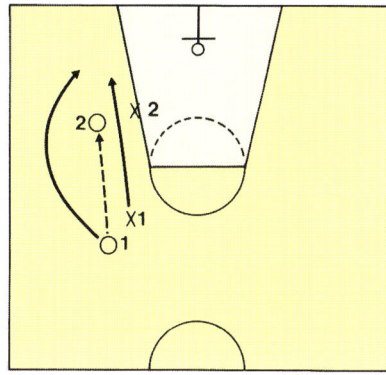

Geht O_1 aber sehr eng außen an
O_2 vorbei, kann X_1 kaum folgen.
In diesem Fall muss X_2 O_1 übernehmen und X_1 gegen O_2 verteidigen.

Abwehr gegen Gegenblocks:

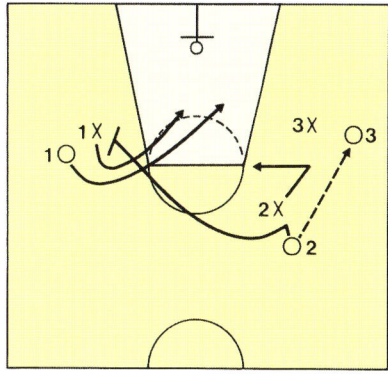

Das Verhalten des Verteidigers
hängt davon ab, wie eng ein Angreifer an seinem Mitspieler vorbei-
läuft.
Hier geht O_1 nach Pass zu O_2 relativ weit außen an O_2 vorbei.
X_1 folgt ihm und geht innen an O_2
vorbei. X_2 ermöglicht dies durch einen Schritt zurück, um X_1 durchzu-
lassen. Würde X_1 versuchen, mit O_1
außen vorbeizugehen, besteht die
Gefahr, dass er abgestreift wird und
O_1 ungehindert zum Korb kommt.

Hier passt der Spieler O_2 zu O_3 und
stellt dann einen Block für O_1. X_2
weicht erst ein Stück in Richtung des
Passes zurück (er verhindert damit
ein mögliches Schneiden von O_2
zum Korb) und folgt dann O_2. Er

103

lässt genügend Platz zwischen sich und O_2, damit X_1 besser bei seinem Mann bleiben kann.

Fehler – Fehlerkorrektur

● X_2 »klebt« zu eng an seinem Gegenspieler.
▶ Platz lassen für X_1, damit dieser nicht noch zusätzlich behindert wird, wenn er O_1 folgen will.
● X_1 bemerkt nicht, dass ein Block gestellt wird oder vertraut darauf, dass X_2 seinen Gegner übernimmt.
▶ Spielgeschehen beobachten und wann immer möglich am direkten Gegenspieler bleiben. Muss die Verteidigung die Gegner übernehmen, sind häufig Missverständnisse die Folge.

Blockabwehr durch Übernehmen:

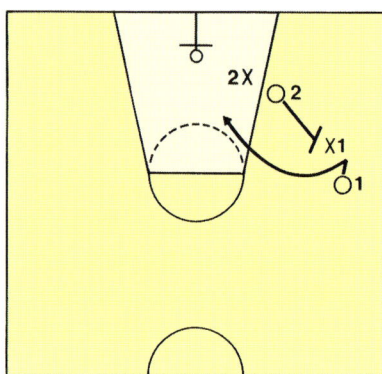

Obwohl es das Bestreben der Verteidiger sein muss, bei den direkten Gegenspielern zu bleiben, wird es im Spiel immer wieder erforderlich

sein, dass die Verteidiger ihre Gegenspieler übernehmen müssen. Dies wird vor allem dann der Fall sein, wenn ein Block so gestellt wird, dass der gesperrte Verteidiger den Block zu spät erkennt, z. B. wenn der Block aus der Tiefe gestellt wird.

> *Merke:*
> Blocks aus der Tiefe sind für die Verteidiger am gefährlichsten.

Wenn X_2 erkennt, dass X_1 am O_2 hängen bleiben wird, muss er O_1 übernehmen. X_1 hat dann aber die ungünstige Außenposition (O_2 ist näher am Korb als er). Deshalb muss X_1 versuchen, die Innenposition schnellstmöglich zu gewinnen.

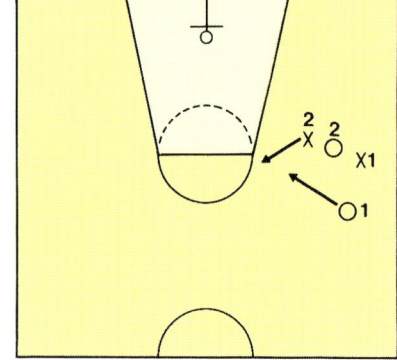

Block mit Abrollen

Häufig bekämpfen die Verteidiger
einen Block dadurch, dass sie den
Mann wechseln, um den freige-
sperrten Angreifer besser decken
zu können.
Der Block soll daher so angesetzt
werden, dass der Spieler, der den
Block stellt, zum Korb weiterlaufen
kann, nachdem sein Block vom Mitspieler ausgenutzt worden ist. Dies
nennt man **Abrollen.** Es ist eine gefährliche Waffe, weil der Angreifer
aus der günstigeren Innenposition
(näher zum Korb als der Verteidiger) abrollen kann.

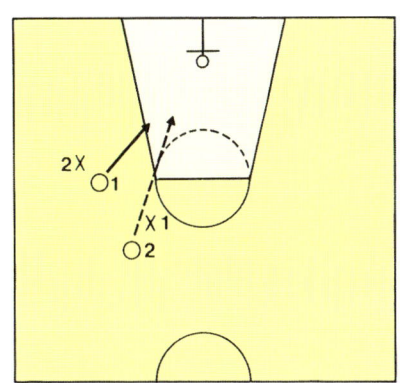

ist die Verteidigung oft vor große
Probleme gestellt, vor allem dann,
wenn ein kleinerer Verteidiger
einen größeren Angreifer übernehmen muss.
In der folgenden Spielsituation
muss der Verteidiger eines Außen-
spielers den Centerspieler übernehmen, was meist einen erhebli-
chen Größenvorteil zu Gunsten
des Centerspielers bedeutet.

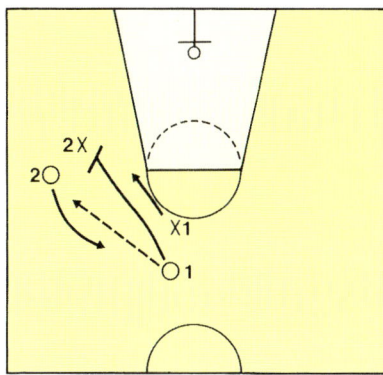

Der Blocksteller (hier O_1) wartet ab,
bis ein Mitspieler den Block ausgenutzt hat. Wechseln die Verteidiger
den Mann, rollt der Blocksteller mit
einem Sternschritt (mit dem korb-
näheren Bein als Standbein) zum
Korb ab und kann angespielt werden. Auch wenn der Blocksteller
durch das Abrollen nicht freikommt,

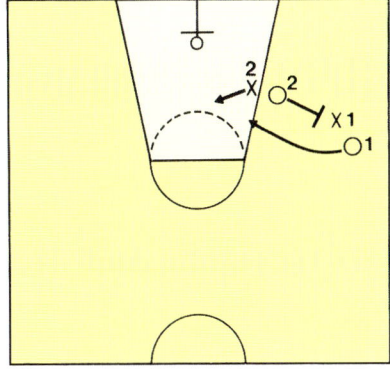

Dabei kann es jedoch zu Missver-
ständnissen kommen.

105

Fehler – Fehlerkorrektur
- Blocksteller rollt zu früh ab.
▶ Erst die Aktion des Mitspielers und die Reaktion der Verteidiger abwarten.
- Beim Abrollen nicht anspielbar.
▶ Immer in Bereitschaft sein. Ball beobachten.
- Der Mitspieler weiß nicht, wohin der Ball gespielt werden soll.
▶ Dem Mitspieler mit dem ausgestreckten Arm anzeigen, wohin der Pass erfolgen soll.

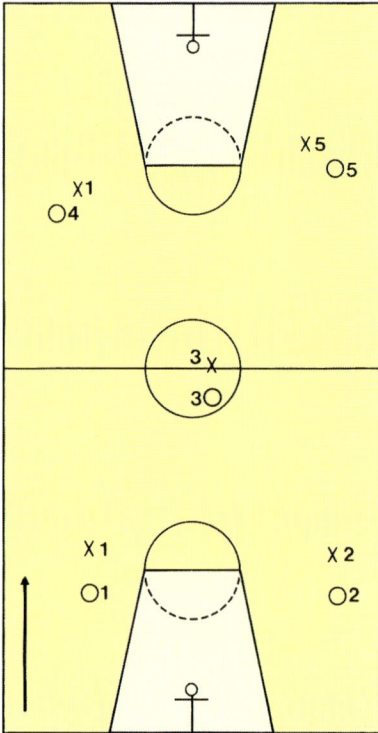

Sonderformen der Verteidigung

Will man bereits den Spielaufbau des Gegners empfindlich stören, z. B. wenn man einen Rückstand aufholen will, können folgende Deckungsformen verwendet werden:

1. Mann-Mann-Verteidigung über das ganze Feld
Bei dieser Deckungsart deckt jeder Verteidiger seinen direkten Gegenspieler überall dort, wo sich dieser gerade befindet.
Vorteil: Der Ballbesitzer wird sofort gestört. Er muss den Ball sicher vorbringen und kann dann möglicherweise nicht so gut auf freie Mitspieler achten.
Außerdem müssen sich seine Mitspieler erst freilaufen. Dadurch wird ein organisierter Angriff erschwert.

> *Merke:*
> Die Spielregeln schreiben vor, dass die ballbesitzende Mannschaft den Ball innerhalb von 10 Sekunden über die Mittellinie gebracht haben muss. Gelingt dies nicht, kommt die verteidigende Mannschaft in Ballbesitz.

Außerdem darf die ballbesitzende Mannschaft den Ball nicht mehr in das eigene Rückfeld spielen. Geschieht dies dennoch, erhält die

verteidigende Mannschaft den Ball (Einwurf).

Haben die Angreifer technische Schwächen (Dribbling und Passen im Lauf) und sind sie auch konditionell nicht gut vorbereitet, wird es zwangsläufig zu Ballverlusten kommen.

Nachteile: Wird ein Verteidiger überspielt, ist ein Aushelfen für seine Mitspieler sehr schwer (große Abstände zwischen den einzelnen Spielern).

Außerdem birgt diese Form der Verteidigung ein erhöhtes Foulrisiko in sich.

2. Mann-Presse

Will man den Druck auf die Angreifer noch verstärken, decken die Verteidiger ihre Gegenspieler, die nicht am Ball sind, zwischen Ball und Gegner (a).

Vorteile: Der Ballbesitzer hat große Schwierigkeiten, den Ball zu einem Mitspieler zu passen, vor allem, wenn er selbst bedrängt ist.

Nachteile: Wird ein Verteidiger durch einen hohen Pass überspielt, kann der Angreifer fast immer unbehindert zum Korb ziehen. Kommt ein Verteidiger zu spät zu seinem Gegenspieler, ist die ganze Deckung sofort im Nachteil.

3. Zonen-Presse

Will man vor allem den Druck auf den Ballbesitzer erhöhen, kann man eine Zonen-Press-Deckung verwenden.

Das Prinzip dieser Deckung: Der Ballbesitzer soll an bestimmten Stellen »gedoppelt« werden. Hier wird eine 1-2-2-Verteidigungsaufstellung dargestellt, nachdem ein Korb erzielt wurde (b).

Der Einwerfer wird nicht bedrängt. X_3 verhindert einen Pass zu O_3. O_2 wird freigelassen, damit der Pass zu ihm erfolgt.

Hat O_2 den Ball, soll ihm X_2 den Weg entlang der Seitenlinie versperren (dies bedeutet, dass der

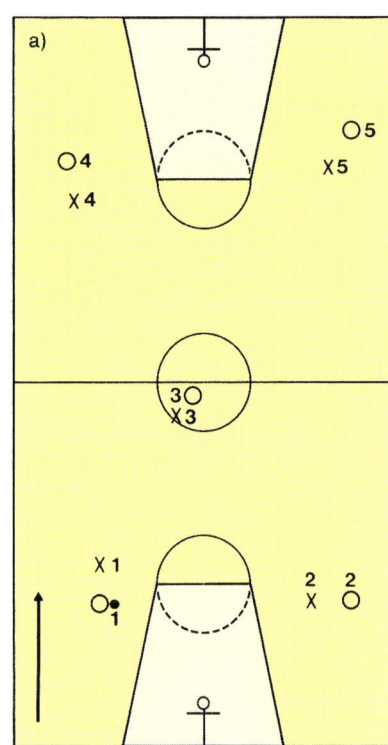

Ballbesitzer den Ball von der rechten Hand zur linken, meist schwächeren, wechseln muss). X_1 greift O_2 von der Seite her an; X_3 versucht, einen Rückpass zu O_1 zu verhindern und X_5 erschwert einen Quer- oder Diagonalpass zu O_3. Kommt der Einwurf überraschend doch zu O_3, übernehmen X_3 und X_1 das Doppeln des Ballbesitzers und X_2 sichert die Mitte. Gelingt es, den Ballbesitzer (hier O_2) zu stoppen und zu doppeln, müssen die Verteidiger X_3, X_4 und X_5 darauf bedacht sein, Pässe zu den anderen Angriffsspielern herauszufangen oder zu erschweren. Dabei nutzen die Verteidiger die Spielregeln. Wird nämlich der Ballbesitzer bedrängt, wenn er den Ball in den Händen hält, muss er innerhalb von 5 Sekunden abspielen oder dribbeln. Gelingt ihm dies wegen des Doppelns durch die Verteidiger nicht, entscheidet der Schiedsrichter auf Hochball (c).

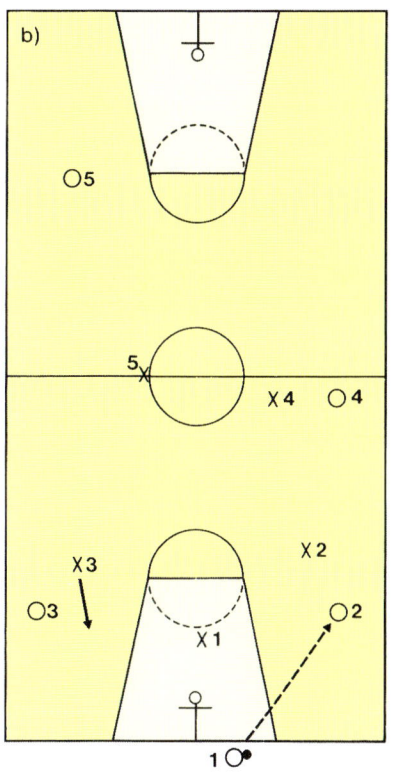

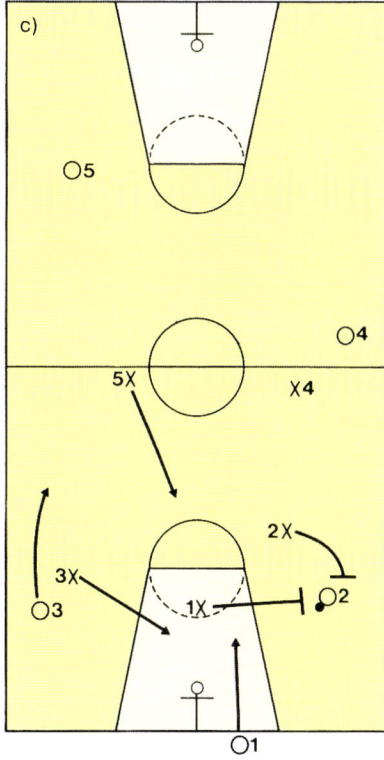

Bei dieser Verteidigungsaufstellung »erkauft« sich die Verteidigung den Vorteil der starken Störung des Spielaufbaus mit dem Risiko, dass der eine oder andere Angreifer freikommt (in der Skizze z. B. O_5). Wird der Ballbesitzer jedoch richtig »gedoppelt«, kann er den Ball nicht sicher zum freien Mitspieler passen. Gelingt es den Angreifern, den Ball durch die Mitte nach vorn zu bringen, wird das Doppeln fast unmöglich. In diesem Fall soll sich die Verteidigung in eine normale Raum-Deckung zurückziehen.

> *Merke:*
> Die Zonen-Presse ist eine Deckung, die vor allem vom Überraschungseffekt lebt. Hat sich die angreifende Mannschaft angepasst und macht keine Fehler mehr, soll das Verteidigungssystem geändert werden.

Angriffsverhalten gegen Sonderformen der Verteidigung

Auch für das Spiel gegen Sonderformen der Verteidigung gilt der Grundsatz, die Schwächen der jeweils gewählten Verteidigung auszunutzen und so anzugreifen, dass die Stärken der Verteidigung nicht zum Tragen kommen können. Gegen die **Mann-Presse** kann man versuchen, den besten Dribbler anzuspielen und ihm dann den Weg freizumachen, dass er den Ball 1 gegen 1 vorbringen kann. Wenn der erste Pass zum besten Dribbler gelungen ist, laufen drei Angreifer sofort in die gegnerische Hälfte und binden so ihre Verteidiger weit vom Ball entfernt. Der vierte Spieler hält sich noch in der gleichen Hälfte auf, um notfalls zu Hilfe zu kommen. Er hält sich aber so weit vom Ball entfernt auf, dass sein Verteidiger den Dribbler nicht doppeln kann.

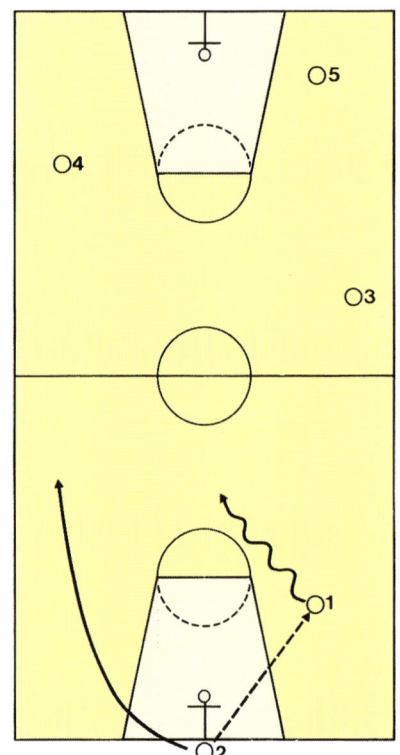

Der Dribbler wird nun in den meisten Fällen den Ball sicher vorbringen können, da ihm sehr viel Raum zur Verfügung steht.

Variation: Nach dem Anspiel des Dribblers kann sich der zweite Angreifer so aufstellen, dass er als passiver Block dienen kann.

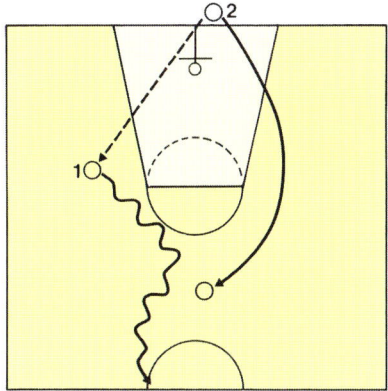

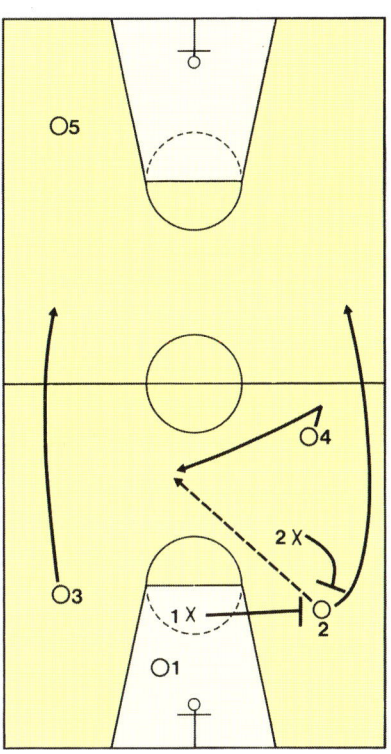

Gegen die **Zonen-Presse** soll man versuchen, den Ball nach dem ersten Pass zur Seite möglichst schnell zur Mitte zu bringen. Hierzu hat man zwei Möglichkeiten:

1. Den Ball zum Einwerfer zurückspielen, wenn dies möglich ist. Dadurch wird das Doppeln durch die Verteidiger sehr erschwert.

2. Ein Spieler läuft weit in die gegnerische Hälfte. Ein zweiter täuscht die gleiche Aktion vor, dreht aber kurz vor der Mittellinie um und bietet sich in der Spielfeldmitte an.

Hier hat der Spieler O_4 diese Aktion ausgeführt und den Ball von O_2 erhalten. O_2 und O_3 starten in die gegnerische Hälfte. Geben die Verteidiger ihre Zonen-Press-Aufstellung nicht auf, werden O_2 und O_3 freikommen und können von O_4 angespielt werden.

111

Training

Trainingsgestaltung

Wie soll das Training eines Basketballspielers aussehen?
Diese Frage lässt sich nicht pau-
schal beantworten. Die Bestimmung
des »richtigen« Trainings hängt von
sehr vielen unterschiedlichen Faktoren ab:

- Alter der Spieler
- Körpergröße der Spieler und
  ihre Position im Spiel (ein
  Center muss etwas anderes
  trainieren als ein Aufbau-
  spieler)
- Könnensstand der Spieler
  (Anfänger, Fortgeschrittener,
  Leistungssportler)
- Spielplan und Bedeutung
  einzelner Spiele und Spiel-
  plan
- Länge der Saison usw.

Trotz der Schwierigkeiten, das
»richtige« Training im Einzelfall zu
bestimmen, gibt es einige Grundsätze, an die sich der Spieler, der
alleine oder mit Freunden trainieren
will, halten kann und die der Trainer bei der Planung und Durchfüh-
rung der Trainingsstunden berücksichtigen soll.

113

Oberster Grundsatz: Möglichst viel mit dem Ball beschäftigen. Trotz der Bedeutung anderer Aspekte, ist eine gute Ballbehandlung entscheidend. Diese lässt sich nur durch häufiges Üben und »Spielen« mit dem Ball gewinnen. Der gute Basketballspieler soll die zum Teil sehr komplexen, motorischen Fertigkeiten (Technik) seines Spieles beherrschen und im gewählten taktischen Konzept oder den auftretenden Spielsituationen anwenden können. Seine Leistung wird aber vor allem auch von seiner **Kondition** abhängen. Viele technische und taktische Fehler im Spiel sind auf nachlassende Kondition zurückzuführen. Aber auch umgekehrt gilt: Technische und taktische Mängel müssen häufig durch einen höheren Kraftaufwand der Spieler ausgeglichen werden.

> *Merke:*
> Das Training soll ein angemessenes Verhältnis von technischen, taktischen und konditionellen Elementen enthalten.

Zur besseren Einschätzung, wie dieses angemessene Verhältnis aussehen soll, können Ergebnisse dienen, die man bei Spielbeobachtungen von Basketballspielen gewonnen hat.
Danach legen Aufbauspieler pro Minute effektiver Spielzeit ca. 100 Meter zurück (im ganzen Spiel sind dies 4000 Meter, wenn der Aufbauspieler nicht ausgewechselt wird). Unterscheidet man in Sprinten, Laufen und Gehen, so entfallen etwa 5 % auf Sprinten, 70 % auf Laufen und 25 % auf Gehen. Bei Flügelspielern fand man ähnliche Werte, während die Center etwa 15 % weniger an Strecke zurücklegen. Große Unterschiede zwischen einzelnen Spielsituationen liegen in der Laufstrecke mit Ball. Die Aufbauspieler laufen etwa ein Fünftel der Gesamtstrecke mit Ball, die übrigen Spieler weniger als 5 %.
Als Konsequenz für das Training ergibt sich daraus, dass die Aufbauspieler mehr Übungen zum Dribbeln und Passen in vollem Lauf benötigen als die anderen Spieler. Die Zahl der Dribblings nimmt allerdings mit zunehmender Leistungsstärke der Mannschaften etwas ab. Die Bedeutung der Beinarbeit in Angriff und Verteidigung wird an folgenden Werten ersichtlich: Flügelspieler, die das ganze Spiel durchspielen, führen fast 200 Tempowechsel und über 300 Richtungswechsel durch. Hinzu kommen noch die zahlreichen Sprünge bei Rebound- und Wurfaktionen. In einem Spiel werden von einer Mannschaft fast 400 Pässe gespielt und etwa 70-mal auf den Korb geworfen. Hinzu kommen noch etwa 20 Freiwürfe. Die meisten Würfe erfolgen aus der Halbdistanz (Sprungwürfe), gefolgt von Würfen aus der Nahdistanz (Korbleger). Wie wichtig die richtige Ballbehandlung ist,

zeigt die Tatsache, dass selbst bei Europameisterschaften ca. 30 Ballverluste pro Spiel durch technische und taktische Fehlleistungen zu verzeichnen sind. Bei Mannschaften mit geringerem Leistungsniveau sind die Ballverluste höher. Eine Reduzierung dieser Ballverluste durch entsprechendes Training kann die Spielleistung rasch verbessern helfen.

Einen guten Überblick über die physische Beanspruchung in einem Spiel gibt die **Herzfrequenz** eines Spielers in unterschiedlichen Spielsituationen.

Untersuchungen haben ergeben, dass bei Laufaktionen ohne besondere technisch-taktische Anforderungen die Frequenzen bei 150 bis 160 Schlägen pro Minute liegen. Bei intensiver Abwehrarbeit wurden Frequenzen von bis zu 190 Schlägen nachgewiesen. Gut trainierte Spieler erholen sich in den kurzen Pausen zwischen einzelnen Spielaktionen sehr viel besser als schlecht trainierte Spieler. Daraus folgt, dass gut trainierte Spieler weniger Fehler machen werden und auch besser verteidigen können. Es folgt aber auch daraus, dass im Training Übungsformen enthalten sein müssen, in denen die Verteidigungsaktionen unter Belastung durchgeführt werden. Dies umso mehr, als die meisten Spieler von sich aus viel lieber ihre Anstrengungen in Angriffsaktionen legen (Körbe erzielen macht mehr Spaß als verteidigen) und sich dann in der Verteidigung eher »ausruhen« wollen.

Prinzipien der Trainingsgestaltung

Ziel des Trainingsprozesses ist, dass die Spieler einer Mannschaft in dem Zeitraum, in dem die Wettspiele liegen, eine möglichst hohe sportliche Form erreichen. Kennzeichnend für die gute Leistung einer Mannschaft im Wettspiel ist das Zusammenwirken der leistungsbestimmenden Faktoren Technik, Taktik und physische Leistungsgrundlagen (Kraft, Ausdauer, Schnelligkeit und Beweglichkeit). Das Training besteht aus dem Erlernen, Verfeinern und Stabilisieren technischer und taktischer Elemente und der erforderlichen physischen Fähigkeiten.

Im Mittelpunkt des Trainings stehen Übungsformen, die diesem Ziel entsprechen.

Es ist nun anzustreben, möglichst solche Übungsformen auszuwählen, die mehrere Teilaspekte gleichzeitig verfolgen. Die Notwendigkeit hierzu ergibt sich aus der Erkenntnis, dass nur wenige Mannschaften täglich trainieren können (in der Bundesliga trainieren die meisten Mannschaften 2-mal täglich). Mannschaften aus unteren Spielklassen und in der Jugend trainieren meist nur 1- oder 2-mal pro Woche. Der Trainer wird daher vor die Schwierigkeit gestellt, ein differenziertes Programm in zwei Trainingseinheiten pressen zu müssen. Will er dazu noch die physischen Leistungsgrundlagen verbessern, muss er einige Grundsätze berücksichtigen:

Das Prinzip der ansteigenden Belastung

Trainingswirkungen sind nur durch Bewegungsreize zu erzielen. Der Organismus passt sich an diese Reize an. Daher sind nach einer erfolgten Anpassung neue Bewegungsreize erforderlich, die aber eine höhere Belastung darstellen müssen, will man eine Verbesserung erzielen. Dies kann durchaus innerhalb der üblicherweise zur Verfügung stehenden Trainingszeit geschehen. Einzelne Übungsformen werden so ausgewählt, dass die Intensität der Belastung steigt.

Beispiel: Gleitschritte:

Die Spieler stellen sich mit dem Rücken zur Seitenlinie auf. Dann Gleitschritte bis zur Mittellinie (rechter Fuß vorn), Drehung um 90° und Gleitschritte bis zur Mitte (linker Fuß vorn), Drehung um 90° und Gleitschritte bis zur Grundlinie (rechter Fuß vorn). Sofort anschließend Sprint bis zur Mittellinie, locker auslaufen bis zur entfernten Grundlinie und zurück zum Ausgangspunkt. Diese Übung wird in den ersten Trainingsstunden 2-mal hintereinander durchgeführt, wobei das Bewegungstempo bei den Gleitschritten etwa 70 % des maximal möglichen betragen soll. Sprint mit voller Geschwindigkeit. Nach ein paar Trainingsstunden wird das Bewegungstempo allmählich bis auf 100 % gesteigert und auch die Wiederholungszahl auf drei und dann vier erhöht.

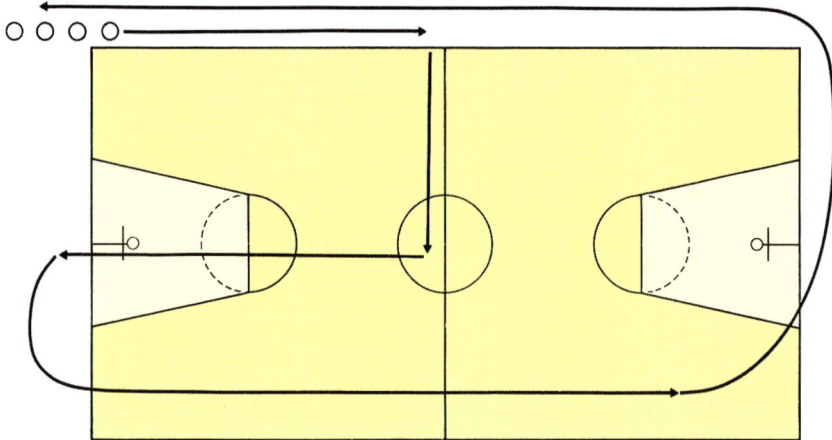

Das Prinzip der kontinuierlichen Belastung

Sind die Pausen zwischen den Trainingsbelastungen zu lang (Verletzungen, Krankheit, Urlaub, Schulferien usw.), kommt es zu einem Leistungsabfall. Daher ist eine kontinuierliche Belastung anzustreben.

Das Prinzip der wechselnden Belastung

Bei Belastungen kommt es zur Ermüdung des Organismus. Ein Wechsel der Belastung (Übungen zur Entwicklung der Kraft wechseln z. B. mit Übungen zur Entwicklung der Ausdauer) erlaubt eine größere Intensität im Training.

Auch die Reihenfolge der Inhalte ist wichtig. Neulernen von Bewegungen nach kraftraubendem Konditionstraining ist nicht sinnvoll.

Das Prinzip der periodisierten Belastung

Ein Spieler kann nicht ständig in Hochform sein. Der Trainingsprozess soll so angelegt sein, dass die Spieler zum richtigen Zeitpunkt leistungsstark sind. In vielen Sportarten unterteilt man den Trainingsprozess in eine Vorbereitungs-, Wettkampf- und Übergangsperiode. Die **Periodisierung** des Trainings ist im Basketball schwerer vorzunehmen als in Individualsportarten. Oft weiß man bei Saisonbeginn noch nicht, welche Gegner sich als die schwersten erweisen werden, also auf welchen Termin hin die Höchst-

form anzustreben ist. Außerdem reagieren einzelne Spieler unterschiedlich auf die Trainingsbelastungen, die vom Trainer im Allgemeinen auf die ganze Mannschaft zugeschnitten sind.

Trotzdem muss auch bei der Trainingsplanung im Basketball berücksichtigt werden, dass die Grundlagen für eine sportliche Leistung schon vor der eigentlichen Wettkampfsaison gelegt werden müssen. Das heißt aber nicht, dass es in der Zeit der Wettkämpfe nur noch um eine Verfeinerung der Taktik und um die gezielte Einstellung der Mannschaft auf den jeweils nächsten Gegner ginge. Die Trainingsplanung richtet sich nach dem Spielplan, dem Könnensstand der Spieler und dem Entwicklungsprozess wichtiger Leistungsfaktoren. Die Basketballsaison reicht im Allgemeinen von Ende September bis Ende März. Die **Vorbereitungsperiode** soll daher spätestens Anfang August beginnen (etwas früher wäre besser, doch sind viele Spieler noch im Urlaub oder in den Ferien, auch sind Sporthallen wegen der Schulferien oft nur schwer zugänglich).

In der Vorbereitungsperiode sind drei Aufgaben zu lösen:

1. Es sollen die Grundlagen für die dem Basketballspiel spezielle Kondition vermittelt und die Arbeitsfähigkeit des Gesamtorganismus erhöht werden.

Im physischen Bereich konzentriert sich das Training in dieser Phase auf die Elemente: allgemeine Ausdauer, Schnelligkeitsausdauer, Schnelligkeit, Kraft (vor allem Sprungkraft) und allgemeine Beweglichkeit.

Im Ausdauerbereich ist zu Beginn der Vorbereitungsphase die **allgemeine** Ausdauerfähigkeit zu beachten, da sie Grundlagenfunktion für die spezielle Ausdauer im Wettkampf besitzt.

> *Merke:*
> Der Basketballspieler soll kein Langstreckenläufer werden; aber die Erholungsfähigkeit im und nach dem Spiel hängt wesentlich von der allgemeinen Ausdauer ab. Ist sie nicht vorhanden, kann auch im Training weniger effektiv gearbeitet werden.

2. Es sollen die spieltechnischen Fertigkeiten vermittelt und verbessert werden. Passen, Fangen, Dribbeln und Werfen sollen Hauptbestandteil des Trainings in der Vorbereitungsphase sein.

Wichtig dabei ist, dass die Übungsformen so ausgewählt werden, dass sie das Erlernen und Festigen der technischen Elemente erleichtern. Die **methodische Stufung** für Angriffshandlungen: Es wird mit Erleichterungen begonnen, also zuerst üben ohne Verteidigung, dann

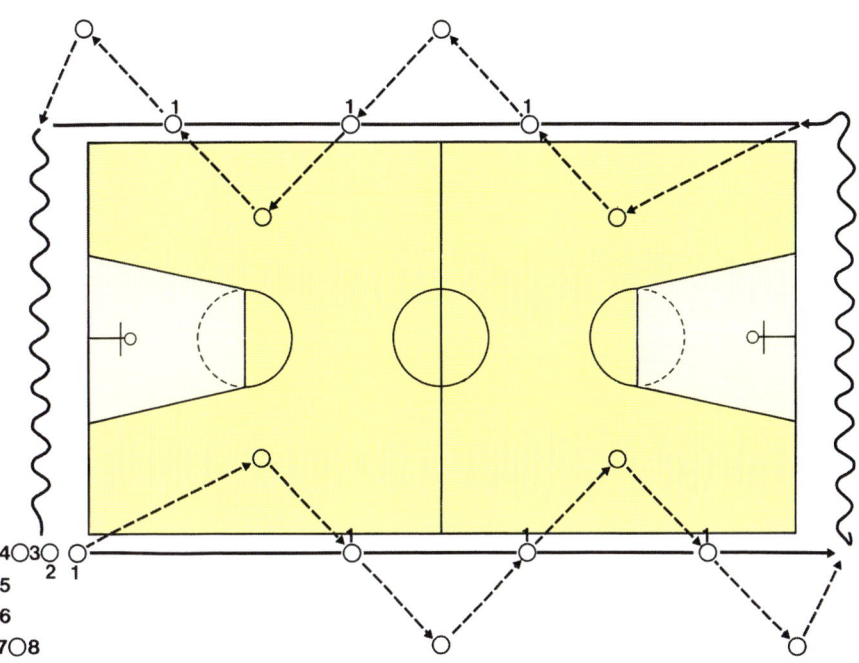

üben mit passiver Verteidigung, dann üben gegen spielgerechte Verteidigung. Das Bewegungstempo sollte aber möglichst bald dem Bewegungsablauf entsprechen, wie er im Spiel gegeben ist.

Wichtig: Wegen der begrenzten Trainingszeit können viele Formen des Techniktrainings mit dem Konditionstraining verbunden werden.

Beispiel: Passen durch die Gasse
An beiden Seitenlinien wird eine Gasse von Spielern aufgestellt. Der Spieler O_1 läuft durch die Gasse, passt dabei zu jedem Spieler der Gasse, von dem er den Ball sofort wieder zugepasst erhält. Nach Durchlaufen der ersten Gasse dribbelt O_1 entlang der Endlinie zur zweiten Gasse und läuft nach dem gleichen Muster hindurch. Ist O_1 über die Mittellinie hinaus, folgt der Nächste usw. Nach 5 Runden tauschen Läufer und Spieler der Gasse die Rollen.

119

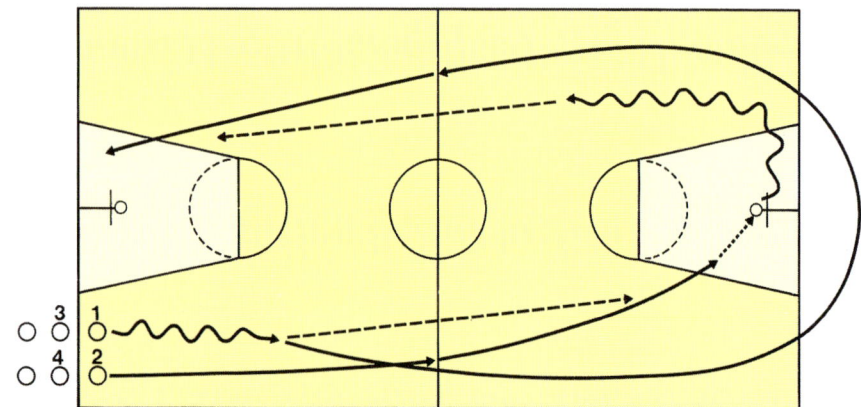

Beispiel: Korbleger unter Belastung
Die Spieler werden in Paare aufgeteilt. O_1 dribbelt, O_2 startet ohne Ball, tritt in Höhe der Mittellinie scharf an, erhält von O_1 den Ball und wirft einen Korbleger. Anschließend holt O_2 seinen Ball. Auf der anderen Seite (Rückweg) die gleiche Übung, nur wirft jetzt O_1 und O_2 passt.

3. Es sollen die taktischen Maßnahmen in Angriff und Verteidigung vorgestellt, eingeübt und in Spielsituationen angewendet werden. Auch hier gilt als **methodische Stufung:**
Bei der Erarbeitung des Angriffsverhaltens zuerst ohne Verteidigung üben, dann mit passiver und schließlich mit spielgerechter Verteidigung. Zur Erarbeitung des Verteidigungsverhaltens sollen die Angreifer erst Grundsituationen durchführen und erst dann Variationen einbringen, wenn die Verteidigung die jeweilige Grundsituation richtig bekämpfen kann.

Die zeitliche Platzierung der Trainingsinhalte:
Im ersten Teil der Vorbereitungsphase liegt der Schwerpunkt auf der Erarbeitung der allgemeinen Kondition und der technischen Elemente.
Im zweiten Teil der Vorbereitungsphase werden vor allem die spezielle Kondition und die taktischen Elemente erarbeitet. Auch jetzt gilt wieder: Übungsformen auswählen, die technische, taktische und konditionelle Aspekte verbinden.
In der **Wettkampfperiode** (Hauptsaison) steht die Taktik im Mittelpunkt.
Doch müssen auch die Technik und die Kondition erhalten oder weiter verbessert werden. Das Training soll sich dabei aber nach den in

den Spielen erkannten Defiziten im technischen Bereich orientieren. Haben sich z. B. viele unnötige Ballverluste oder schwaches Reboundverhalten gezeigt, wird im Training auf diese Elemente besonders einzugehen sein.

Für die Gewichtung der einzelnen Elemente im Training gilt: Die konditionellen Aspekte werden mit höherer Intensität aber geringerem Umfang als bisher berücksichtigt. Mindestens 30 Minuten jeden Trainings bleiben dem Wurf vorbehalten. Dabei wird darauf geachtet, dass die dabei verwendeten Übungsformen späteren Spielsituationen entsprechen. Jeder Spieler sollte bevorzugt, aber nicht ausschließlich, von den Positionen werfen, die seinem taktischen Einsatz im Spiel entsprechen. So arbeitet ein Center vorzugsweise an der Perfektion verschiedener Wurfarten in Korbnähe und übt Sprungwürfe aus der Halbdistanz.

Der Aufbauspieler trainiert hauptsächlich Würfe aus mittlerer und weiter Distanz. Direkt am Korb wird er in erster Linie nur im Schnellangriff, also dann aus vollem Lauf, und bei einem Durchbruch 1 gegen 1 zum Wurf kommen. Diesen Abschluss übt der Aufbauspieler bei den vielen Übungen zur Technik automatisch mit. Alle Spieler sollen auch Freiwürfe üben. Dabei sollen einige Freiwürfe unmittelbar nach einer physischen Belastung ausgeführt werden, damit die Spieler an die im Wettspiel herrschenden Bedingungen gewöhnt werden.

Wichtig: In jedem Training der Hauptsaison sollen einige der häufig verwendeten Spielzüge und auch unterschiedliche Verteidigungsformationen kurz wiederholt werden, damit sie ohne große Schwierigkeiten in ein Wettspiel eingebracht werden können. In der **Übergangsperiode** soll sich ein geeigneter Übergang von der anstrengenden Zeit der Wettkampfperiode in die neue Saison anbahnen.

In höheren Spielklassen hat die abgeschlossene Saison bei den Spielern meist eine Übersättigung, eine »Basketballmüdigkeit« hinterlassen. Um dieser zu begegnen, werden Intensität und Umfang des Trainings stark herabgemindert. Vor allem aber werden andere Reize gesetzt. Einige Spitzenmannschaften spielen z. B. in den ersten Wochen nach der Saison Fußball. Auf keinen Fall soll eine völlige Bewegungsruhe eintreten, da sonst das Ausgangsniveau zu Beginn der nächsten Vorbereitungsperiode zu tief wäre. Verschiedene spielerische Übungsformen erhalten oder ergänzen die allgemeine Beweglichkeit, und die andersgeartete Reizsetzung bringt den Spielern die Freude am dann folgenden intensiven Basketballtraining zurück. Was für die Mannschaften auf hohem Leistungsniveau gesagt wurde, gilt für Anfänger und Fortgeschrittene nicht in gleichem

Maße. Hier sind die Anforderungen des bisherigen Trainings nicht so stark gewesen, dass andere Reizsetzungen angebracht wären. In diesem Bereich gilt daher noch mehr die Devise: Nur durch ständigen Umgang mit dem Ball erlernt man die Sportart richtig.

Trainingsplanung

Tipps für die Planung von Trainingseinheiten

1. Jedes Training soll vorher geplant werden. Diese Planung soll jedoch flexibel genug sein, um kleinere Pannen auffangen zu können.

> *Merke:*
> Häufige Pannen sind meist Beweis für eine schlechte Planung.

2. Das Training mit Aufwärmübungen beginnen. Diese können in spielerischer Form gestaltet sein.

Wichtig: Aufwärmen schon mit dem Ball.

3. Das Training mit einer Übungs- oder Spielform beenden, an der die ganze Mannschaft beteiligt ist. Basketball ist eine Mannschaftssportart. Dies sollte auch im Training zum Ausdruck kommen.
4. Die Übungsformen auf die Zahl der Spieler im Training abstimmen. Es ist schlecht, wenn immer einige Spieler zuschauen müssen, wenn andere üben.
5. Die Übungsformen variieren. Wenn auch die technischen Elemente immer wieder geübt werden müssen, so kann man dies mit unterschiedlichen Übungsformen tun, mit denen das gleiche geübt wird. Sonst tritt Langeweile ein und Lernfortschritte erfolgen nur langsam.
6. Die Übungsformen möglichst spielnah gestalten. Die Spieler sollen erkennen, dass ihr Üben einen Zweck hat.

> *Merke:*
> Man spielt nicht Basketball, um zu üben, sondern übt, damit man besser spielen kann.

7. Zeit einplanen für Spiel 3 gegen 3 oder 4 gegen 4 auf einen Korb. In diesen Spielformen können viele technische und taktische Elemente geübt werden. Die einzelnen Spieler sind auch häufiger an Spielaktionen beteiligt als beim Spiel über das ganze Feld.
8. Genügend Zeit für die Grundelemente der Technik verwenden.

> *Merke:*
> Auch ein guter Spieler ist nicht perfekt.

9. Zeit einplanen, um mit Spielern vor und nach dem Training sprechen zu können. Spieler spüren

123

selbst am besten, wenn das Training zu hart oder langweilig ist.
Spieler, die das Training nicht zu
»ihrem« Training machen, sind
nicht besonders motiviert. Längere
Diskussionen jedoch nicht während
des Trainings führen, sondern danach.

10. Nicht zuviel in eine Trainingseinheit hineinpacken.

> *Merke:*
> Es ist besser, wenigen Dingen
> viel Aufmerksamkeit zu widmen,
> als vielen Dingen wenig.

Nachstehend ein **Beispiel für den Aufbau einer Trainingseinheit** gegen Ende der ersten Hälfte der Vorbereitungsphase und ein Training in der Wettkampfperiode.
Es wird davon ausgegangen, dass eine Trainingszeit von 90 bis 120 Minuten zur Verfügung steht.

1. Trainingseinheit in der Vorbereitungsphase

Im Mittelpunkt **dieser** Trainingseinheit steht die Verbesserung der individuellen Technik und taktischer Elemente des Spiels mit und gegen Mann-Mann-Verteidigung.

ca. 15 Min.
- Aufwärmen mit Stretching und Ballgymnastik.
- Jeweils zwei oder drei Spieler passen sich den Ball zu und laufen dabei locker durch die Halle. Verschiedene Pässe.
- Dribbling ohne Verteidiger. Verschiedene Arten des Dribblings (auch mit der schlechteren Hand).

ca. 5 Min.
- Korbleger aus dem Anspiel (vgl. S. 41).

ca. 10 Min.
- Freiwürfe und Sprungwürfe aus mittlerer Distanz (ohne Verteidigung).

ca. 10 Min.
- Passen gegen Dribbler (vgl. S. 24)
- Passen aus dem Lauf mit Korbleger als Abschluss.

ca. 10 Min.
- Spiel 1 gegen 1: Durchziehen mit Korbleger oder Abstoppen zum Wurf. Betonung auf Angriff und Verteidigung.
- 1 gegen 1 mit einem zusätzlichen Anspieler: Schneiden zum Korb.

ca. 10 Min.
- Werfen.
  Spielerpaare: Ein Spieler wirft von Positionen, die seinem Einsatz im Spiel entsprechen; der andere Spieler steht am Korb und passt den Ball zu. Nach jeweils 10 Würfen Wechsel.

ca. 10 Min.
- Schnellangriff: 3 gegen 2 nonstop (vgl. S. 97).

ca. 5 Min.
- Werfen: Locker, aber auf richtige Abwurfbewegung achten.

125

ca. 15 Min.

- Spiel 3 gegen 3 oder 4 gegen 4 (es können also zwischen 12 und 16 Spieler mitmachen).
  Aktive und passive Blocks verwenden. Wer in aussichtsreicher Position an den Ball kommt, soll werfen.

ca. 15 Min.

- Spiel 5 gegen 5 über das ganze Feld (Mann-Mann-Verteidigung). Keine zusätzliche Aufgabenstellung.

ca. 5 Min.

- Gleitschritte (vgl. S. 116) 3-mal; Bewegungstempo ca. 75 % des maximal Möglichen.

- Abschluss: Jeder Spieler wirft 5-mal 2 Freiwürfe.

2. Trainingseinheit in der Wettkampfperiode

Im Mittelpunkt **dieser** Trainingseinheit steht das Spiel mit und gegen Zonen-Verteidigung.

ca. 20 Min.
- Aufwärmen mit Stretching und Ballgymnastik.
- Dribbeln gegen Verteidiger, der zurückweicht. Bewegungstempo ca. 50 % des maximal Möglichen, dann ca. 70 %.
- Kreuzen über Post (erst ohne Verteidigung, dann mit Verteidigung).

ca. 10 Min.
- Wurfübungen, entsprechend des gegen Zonen-Verteidigung gewählten Spielzuges.

ca. 5 Min.
- Verteidigungsübung 2 gegen 3 (Unterzahl vgl. S. 100). Die Verteidiger sollen sich voll ausgeben. Wechsel der Verteidiger immer nach ca. 45 Sekunden.

ca. 15 Min.
- Spielzug gegen die Zonen-Verteidigung (auf einen Korb). Jeweils nach 5 Angriffen übernehmen die Verteidiger die Rolle der Angreifer und umgekehrt.

ca. 5 Min.
- Gleitschritte (vgl. S. 116) 3-mal. Bewegungstempo ca. 90 % des maximal Möglichen.

ca. 5 Min.
- Reboundübung 3 gegen 3 (vgl. S. 59).

ca. 10 Min.
- Schnellangriff 3 gegen 2 nonstop (vgl. S. 97).

ca. 10 Min.
- Wurfspiel um die Wette (vgl. S. 37) Positionen: Ecken der Freiwurflinie und die Spielfeldecken.

ca. 15 Min.
- Spiel 5 gegen 5 über das ganze Feld. Mannschaft I verwendet eine andere Aufstellungsform der Zonen-Deckung als Mannschaft II.

ca. 10 Min.
- Spiel 3 gegen 3 oder 4 gegen 4 auf einen Korb. Keine besondere Aufgabenstellung.
- Abschluss: Jeder Spieler wirft 5-mal 2 Freiwürfe.

127

Mehr Spaß am Sport.

Georg Ladig / Frank Rüger
Richtig Inline-Skating
Nach neuestem Stand und methodisch fundiert: Bedeutung für Fitness und Gesundheit, schrittweises Erlernen der Fahrtechnik, verschiedene Disziplinen und Wettkampfformen.

Urs Gerig / Thomas Frischknecht
Richtig Mountainbiken
Alles über das Biken als idealer Fitness- und Gesundheitssport: Grundlagen, Ausrüstung, Fahrradtypen, Fahrtechnik, Training, Trainingspraxis, gesundheitliche Aspekte.

Fred Karbstein
Richtig Paragliding
Die Grundlagen des Gleitschirmfliegens – besonders geeignet für Einsteiger: Gerätekunde, Flugpraxis, Wetterkunde, Luftrecht, Flugfunk, Verhalten bei Unfällen, Umweltschutz, besondere Flugformen.

Erich Frischenschlager
Richtig Snowboarding in drei Tagen
Für Einsteiger: Umgang mit dem Board, Aufwärm- und Sturzübungen, Erlernen der grundlegenden Schwungformen in kürzester Zeit – und für Fortgeschrittene: Carven, Tiefschnee-Boarden, Freestyle-Formen, Wettkampf.

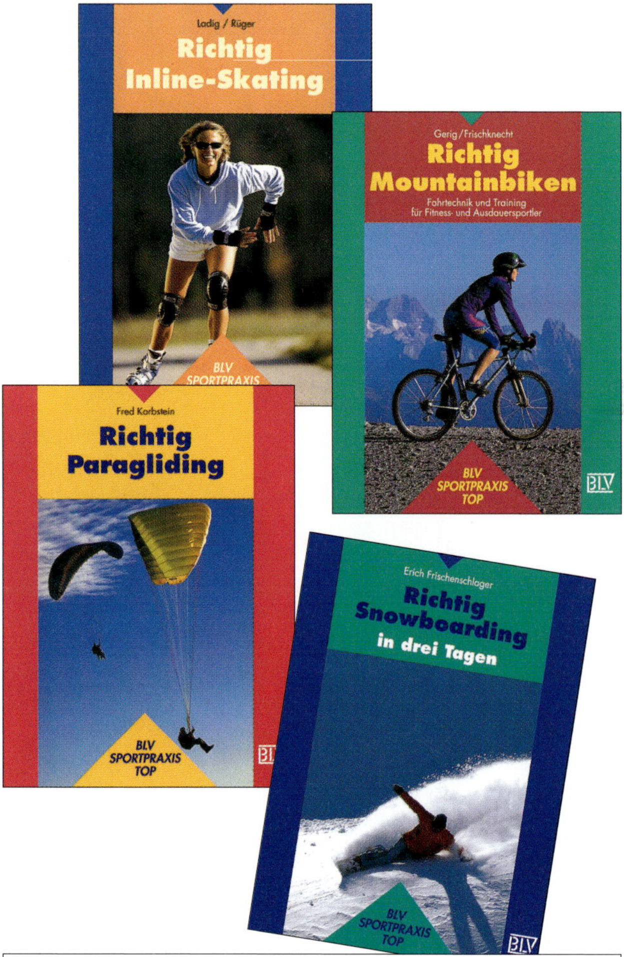

Im BLV Verlag finden Sie Bücher zu den Themen: Garten und Zimmerpflanzen • Natur • Heimtiere • Jagd und Angeln • Pferde und Reiten • Sport und Fitness • Wandern und Alpinismus • Essen und Trinken

blv

Ausführliche Informationen erhalten Sie bei:

BLV Verlagsgesellschaft mbH
Postfach 40 03 20 • 80703 München
Tel. 089/127 05-0 • Fax -543 • http://www.blv.de